Hans Joachim Stein

Die Kunst des Bogenschießens – Kyūdō

Hans Joachim Stein

Die Kunst des Bogenschießens Kyūdō

Einführung in die Grundlagen
und Anleitung
zur praktischen Ausübung
der Zen-Kunst
des Bogenschießens

Inhalt

Vorwort von Robert Schinzinger 7

Erster Teil: Geschichtliche Grundlagen

Die historische Bedeutung des Bogens 11
Zur Geschichte des Bogens in Japan 18

Zweiter Teil: Die geistigen Grundlagen des Kyūdō

Der Atem und das Atmen 33
Der Weg und die Wege 67
Tao, Zen und das Bogenschießen 78
Bushidō – der Weg des Kriegers 103
Kyūdō und Zeremonie 125
Geist und Technik 133

Dritter Teil: Die Praxis des Kyūdō

Vorbereitungen 147
Hassetsu – die acht Stufen bis zum Lösen des Pfeils
und Zurücktreten von der Schußposition 155
1. Ashibumi – der Stand 157
2. Dōzukuri – die Balance 161
3. Yugamae – vorbereitet sein 168
4. Uchiokoshi – das Heben des Bogens 179
5. Hikiwake – das Spannen 182
6. Kai (Nobiai, Jiman) – letztes Strecken und Dehnen, die
letzte Konzentration vor dem Abschuß 190

7. Hanare – das Lösen des Schusses   198
8. Zanshin – die zurückbleibende Form von Körper und Geist   202
Östliche Praktiken für westliche Menschen?   209

Vierter Teil: Das Material des Kyūdō-Bogenschützen

Der heutige Kyūdō-Bogen   225
Die Bogensehne   234
Die Pfeile   237
Der Schießhandschuh   243
Kleidung   245
Die Übungshalle   247

Danksagung   249
Anmerkungen   250

Zu den unausgesprochenen Voraussetzungen aller altjapanischen Sportarten gehört die Einsicht, daß alles Körperliche zugleich ein Geistiges ist und daß der Tod in der Mitte des Lebens steht. Was Nietzsche von den Griechen und Römern sagt, daß nämlich ihr Lebensgefühl ein anderes gewesen sei als das unsrige, weil der Tod für sie ein anderer war, gilt auch für Japan. Zwar ist der Bogen hier keine Waffe mehr im militärischen Sinne, aber in der Kunst des Bogenschießens ist das alte Lebens- und Todesgefühl noch erhalten. Lebendig ist noch das Wissen darum, daß es sich beim Bogenschießen nicht um eine bloße Leibesübung handelt, sondern um einen «Weg» (jap. dō) der geistigen Schulung und um eine Philosophie, die dem Tod ins Auge schaut.

Vor diesem Hintergrund wird deutlich, daß es sich beim Kyūdō, dem «Bogen-Weg» um eine geistig-körperliche Disziplin handelt, deren letztes Ziel in Entwicklung und Vervollkommnung von Person und Persönlichkeit des Übenden liegt. Künstlerische Vollendung, wie sie sich in Form und Technik des Schießvorgangs zeigt, und der Ausdruck der erreichten Stufe geistiger Reife sind ebenso wichtig wie das Treffen des Ziels. Durch Disziplinierung von Geist und Körper mittels Methoden der Konzentration und Meditation, wobei das richtige Atmen eine herausragende Rolle spielt, soll der Übende zu einem tieferen Verständnis seiner selbst und der Welt geführt werden. Nach japanischer Auffassung soll jedes Sich-Üben den Übenden auf eine höhere Stufe menschlicher Reife führen. Es gilt, das kleinliche, egoistische, in Äußerlichem verhaftete Ich zugunsten des jedem Menschen innewohnenden tieferen und eigentlichen Selbst zu überwinden. Zur Verwirklichung dieser geistigen Haltung muß eine möglichst perfekte Beherrschung der Technik erreicht werden. Bei zäher, ernsthafter Übung bilden das geistige und das technische Element eine organische Einheit.

Von diesem Gesichtspunkt her erklärt sich die enge Verbindung des Kyūdō mit dem Zen-Buddhismus, der auf dem Boden des chinesischen Taoismus im China der Tang-Zeit zur Blüte kam und im 12. Jahrhundert nach Japan gelangte. Das vorliegende Buch geht daher auch auf die gegenseitige Durchdringung von Taoismus und Zen ein und zeigt, wie sich diese höchst fruchtbare Verbindung konkret im Schießvorgang äußert. Da der geistige Hintergrund und die praktisch-technischen Erfordernisse des Umgangs mit dem Bogen gleichgewichtig behandelt werden, ist dieses Buch eines der ersten, das sowohl für den Leser, der das Kyūdō praktisch ausüben will oder bereits ausübt, als auch für den, der mehr den geistigen Hintergrund durchdringen möchte, eine fundierte Hilfe ist.

Der Leser wird fragen, ob im modernen Lebensbetrieb der hochindustrialisierten Gesellschaft der «Weg des Bogens», der letztlich ein Weg zum eigenen Selbst ist, noch einen Stellenwert beanspruchen kann. Die Antwort findet er in diesem Werk, dessen Autor an einer japanischen Universität lehrt und im Kyūdō zur Zeit den dritten Dan innehat. Was beim Bogenschießen wichtig ist, nämlich Ernst, Ausdauer und Selbstdisziplin, das gehört unter anderem auch zum Erfolgsgeheimnis der japanischen Industrie.

Während ich das schreibe, beginnt die kälteste Jahreszeit in Japan, und man kann gelegentlich in den frühen Morgenstunden junge Männer und Mädchen sehen, die mit ihrem großen Bogen zur «Übung in der kältesten Zeit» gehen.

Robert Schinzinger
Yokohama, Neujahr 1984

Erster Teil

Geschichtliche Grundlagen

Die historische Bedeutung des Bogens

Der Bogen ist seit dem Paläolithikum, spätestens seit dem Jung-paläolithikum, in fast allen Erdteilen bekannt. Verwendung fand er als Jagd- und Kriegswaffe, die Pfeile wurden aber auch als soge-nannte Feuerbohrer zum Feuerentfachen benutzt und der eigen-tümliche Klang der Bogensehne mag Urimpuls für die Entwicklung von Zupf- beziehungsweise Saiteninstrumenten gewesen sein. Nur in Tasmanien und in Australien, einige begrenzte Gebiete Nord-australiens ausgenommen, sind bisher keine Funde gemacht wor-den, die auf seine Verwendung schon in der Steinzeit schließen ließen. Wo diese neben der Schleuder älteste Schußwaffe der Menschheit zuerst erfunden wurde, ist bisher ungeklärt. Nach dem heutigen Forschungsstand jedoch muß man annehmen, daß zwi-schen ihrer Erfindung im Vorderen Orient, Indien, Ostasien, Afrika und Europa anfangs wahrscheinlich kein Zusammenhang bestand. Die Invention des Bogens ist als Kulturleistung durchaus der Nutzbarmachung des Feuers vergleichbar.

Seiner hohen Effektivität wegen brachte man den Bogen schon seit den ersten Tagen der Menschheit mit Magie und Göttern in Verbindung, wobei sicherlich die Tatsache, daß die steinernen Pfeilspitzen Funken erzeugten, wenn sie auf Stein trafen, eine Rolle gespielt hat. Im präkeramischen Neolithikum des Nahen Ostens (ca. 8000 bis 7000 v. Chr.) finden wir bereits die frühesten bildlichen Darstellungen, die die Verwendung von Pfeil und Bogen veran-schaulichen. Nur wenig später sind die berühmten ostspanischen Felsmalereien mit ihren magischen Jagd- und Kampfszenen entstan-den, ebenso die bekannten Felszeichnungen in Schweden. Erste Darstellungen des Kompositbogens (so bezeichnet man den aus mehreren Holzleisten oder Leisten anderen Materials, z. B. Horn,

zusammengesetzten Bogen im Gegensatz zu dem aus einem einfachen Stück Holz oder anderem Material bestehenden Stabbogen)
finden wir im 4. Jahrtausend v. Chr. im mesopotamischen Bereich.
Dieser Bogen ist in ganz Asien, besonders in Vorderasien, aber auch
bei einigen Indianerstämmen des Nordamerikanischen Kontinents
gebräuchlich. Er ist dem Stabbogen an Stärke und Elastizität
überlegen und hat sich von Asien aus wahrscheinlich bis in den
Mittelmeerraum hinein verbreitet. In entspanntem Zustand krüm-
men sich die beiden Enden der meisten Kompositbogen zum Ziel
hin und werden daher oft auch Reflexbogen genannt.

Im Gegensatz zu steinernen Pfeilspitzen sind uns aus Holz
gefertigte Bögen aus dem Paläolithikum außer auf Abbildungen
nicht erhalten geblieben. Die ersten Originale, die den natürlichen
Zerfallsprozeß überdauert haben, stammen aus dem Mesolithikum
(10 000–3000 v. Chr.) des nördlichen Europa, den schweizerischen
Uferrandsiedlungen (Pfahlbauten) des Neolithikums (3000–1800
v. Chr.) und aus ägyptischen Gräbern, wo den Toten seit der
1. Dynastie (2900–2760 v. Chr.) oft höchst kunstvoll gefertigte
Bögen beigegeben wurden.

Der erste Beleg für den Einsatz des Bogens als Kriegswaffe in
größerem Stil stammt von den Akkadern des 3. Jahrtausends v. Chr.
Im allgemeinen wurden Bogenschützen meist dann eingesetzt,
wenn es galt, größere Entfernungen in möglichst geringer Zeitspanne zu überbrücken, so bei der Eröffnung einer Schlacht. Ansonsten
traten Bogenschützen bei Belagerungen, im Reiterkampf und im
Schiffskampf in Aktion. Verheerende Wirkungen zeitigte die Bogenwaffe besonders dann, wenn sie von leichtbewaffneten Reitern
oder von schnellen und wendigen Streitwagen aus eingesetzt wurde,

eine Kampfkunst, die besonders bei den alten Völkern des Vorderen Orients hoch entwickelt war. Ein um 640 v. Chr. entstandenes Relief aus einem Palast in Ninive mit Szenen aus der Schlacht Assurbanipals gegen die schließlich unterlegenen Elamiter veranschaulicht eindringlich die ungeheure Dynamik, die für solches Kampfgeschehen charakteristisch gewesen sein muß.

Unter den Nomadenvölkern des Vorderen Orients hat wohl am erfolgreichsten das Steppenvolk der Skythen Pfeil und Bogen als Hauptwaffe eingesetzt. Um 513 versuchte der Perserkönig Kyros und ein Jahr später Dareios, die Gefahr, die Persien in diesem ursprünglich nördlich des Schwarzen Meers beheimateten Reitervolk erstanden war, endgültig zu überwinden. Ohne Erfolg, wie wir wissen: Die skythischen Reiterheere zeigten sich den Persern besonders in Schnelligkeit und Wendigkeit überlegen, wodurch die Bogenschützen dem persischen Heer grauenvolle Verluste zufügen konnten. Die Skythen stießen schließlich über den Dnjestr in den Balkanraum vor bis an die Donau, in die pannonische Ebene und in den Raum südlich der Karpaten. Später gelangten sie immerhin bis in die heutige Mark Brandenburg, bis nach Bayern und, gemeinsam mit den Thrakern, die ebenfalls als Bogenschützen hohes Ansehen genossen, bis nach Norditalien.

Ein bekannteres Beispiel für die Schlagkraft nomadischer Reiterheere, die den Bogen als Hauptwaffe führten, sind die Hunnen, die im 2. Jahrhundert v. Chr. das damalige chinesische Han-Reich durch dauernde Überfälle längere Zeit in ernsthafte Bedrängnis brachten. Später versetzten ihre bogenschießenden schnellen Reiterheere ganz Europa in Schrecken, bis sie 451 n.

Chr. auf den Katalaunischen Feldern (nahe dem heutigen Chalons-sur-Marne) unter Attila gegen Flavius Aetius endgültig unterlagen.

Seit der Mitte des zweiten vorchristlichen Jahrtausends war es nur noch Völkern mit leichtbewaffneten Bogenschützenheeren, die von schnellen Streitwagen oder dem noch beweglicheren Pferd aus kämpften, möglich, zu übergreifenden Großmächten aufzusteigen. Spätestens nach der Eroberung Asiens durch die Skythen bildeten sich diese schließlich in der gesamten mittelöstlichen Welt die Kriegstechnik bestimmenden Reiterheere. Die Kampftechnik dieser Reiter erforderte höchste Geschicklichkeit im Umgang mit dem Pferd und der Waffe. Reiterkrieger mußten auch in schnellem Galopp freihändig reiten können und ein ebenso hohes Niveau in der Handhabung ihrer Hauptwaffe besitzen. In rasender Geschwindigkeit – oft schossen sie dabei über die Schulter nach rückwärts – mußten sie treffsicher ihr Ziel erreichen. Die Überlegenheit reiterischen Könnens, verbunden mit höchster Geschicklichkeit im Gebrauch des Bogens begründete im Verein mit anderen Faktoren nicht nur asiatische Großreiche, sondern auch die Existenzbedrohung okzidentaler Reiche durch die Hunnen, Mongolen, Araber und Türken. Erst die Einführung der Feuerwaffen machte dieser Überlegenheit der bogenschießenden Reiterheere ein Ende.

«Der Bogen, die charakteristische Fernwaffe der weiträumigen Steppen, war der agonalen griechischen Kampfauffassung ebenso zuwider wie den germanischen Helden.»[1]

Der Wettkampfgedanke des Agon, welcher der griechischen Auffassung weitgehend auch noch bei kriegerischen Kampfhandlungen zugrunde lag, und auch die germanische Einstellung zum

Kampfgeschehen – daß es dabei nämlich, wenn auch um Leben und Tod, so doch vorrangig um einen ehrenhaften Kampf zwischen zwei Helden ging, die ihre und die Ehre ihrer Sippe zu verteidigen oder zu beweisen hatten – verhinderten, daß die europäischen Krieger den Wert der Bogenwaffe angemessen einschätzten und nutzen konnten. Beiden Kulturbereichen erschien es unsportlich, unehrenhaft und wenig männlich, ja sogar feige, dem ehrenhaften Kampf von Mann gegen Mann mit Hilfe des weittragenden Bogens bewußt aus dem Wege zu gehen und weitgehend anonym, womöglich noch aus dem Hinterhalt, Pfeile abzuschießen, um sich dann unter Umständen sogar des Pferdes zur schnellen, oft nur scheinbaren Flucht zu bedienen, nur um in veränderter Formation, aus anderer Richtung, auf die gleiche «heimtückische Weise» plötzlich erneut anzugreifen. So spielt der Bogen bei Griechen und Germanen lediglich in der Mythologie eine Rolle, bei letzteren auch hier nur am Rande. Gelegentlich ist zwar von mächtigen und unfehlbaren Bogen in Berichten von den Seeschlachten der Wikinger die Rede, und zum Beispiel der eindrucksvolle Wandteppich von Bayeux in der Normandie (Bayeux, Musée de la Reine Mathilde), der die Eroberung Englands durch die Normannen und den Sieg Wilhelms des Eroberers über die Angelsachsen in der Schlacht von Hastings (1066) zeigt, veranschaulicht den Einsatz des Bogens seitens der Normannen. Im europäischen Bereich blieben jedoch Schwert und Lanze die unangefochtenen Haupt- und Lieblingswaffen.

Auch bei den Römern konnten Pfeil und Bogen nie heimisch werden, obwohl sich in der späten Kaiserzeit die Sicherheit des Imperiums zu einem erheblichen Teil auf Bogenschützen stützte.

Die mit dem Bogen als Hauptwaffe ausgerüsteten Abteilungen
setzten sich jedoch nicht aus Römern, sondern aus fremdländischen
Spezialisten zusammen, aus meist orientalischen Söldnern oder
Verbündeten.

Den Höhepunkt europäischer Bognerkunst erreichten die Eng-
länder mit ihrem Langbogen aus Eibenholz, der immerhin 1,90
Meter maß und an Länge weltweit nur vom japanischen Kyūdō-
Bogen (ca. 2,10 m) übertroffen wird. Im Hundertjährigen Krieg
(1339–1453) Englands gegen Frankreich, in dem England seine
Machtansprüche auf den französischen Thron materialisieren wollte, gelangen den englischen Langbogenschützen erstaunliche Erfolge. Diesen gefürchteten Langbogen führte größtenteils der Freibau-
er, der sogenannte Yeoman, was erheblich dazu beitrug, daß dieser
Krieg auch zu einer nationalen Sache des englischen Volkes wurde.
Diesem aus allen Ständen des Landes zusammengesetzten Volks-
heer zeigte sich das traditionelle französische Ritterheer streckenweise nicht gewachsen. Nicht zuletzt der begründete Stolz der
englischen Bogenschützen auf ihre Erfolge hielt lange Zeit eine
erstaunlich zähe Abneigung gegen die Einführung der wesentlich
teureren Feuerwaffen, die sich der «Yeoman» nicht leisten konnte,
wach. Aufgrund dieser Tradition erfreute sich der Bogen in England, auch nachdem er als Kriegsinstrument weitgehend unbrauchbar geworden war, ungebrochener Beliebtheit: Bereits im 17.
Jahrhundert wurden die ersten englischen Bogenschützenvereine
gegründet.

Als Kriegswaffe kam der Bogen zum letzten Mal bei polnischen
Reiterabteilungen im Jahre 1807 gegen Napoleon zum Einsatz.

Olympische Disziplin wurde das Bogenschießen erstmals auf der

Olympiade 1900 in Paris. Nachdem 1904 in St. Louis, 1908 in London und 1920 in Antwerpen die Bogenschützen ihre Wettbewerbe austrugen, konnten sie sich erst nach 52jähriger Pause, 1972 in München, wieder an den Spielen beteiligen.

Die bisher weiteste Entfernung wurde 1798 von dem türkischen Sultan Selim (die Türken waren seit alters her ebenso begeisterte wie gefürchtete Bogenschützen) in Konstantinopel erreicht: Sein Pfeil, von einem türkischen Reflexbogen aus Stiernackensehnen und Horn gelöst, überbrückte die erstaunliche Weite von 972 yards und 2¾ inch, das sind immerhin etwa 900 Meter. Die größte Reichweite, die mit einem Bogen aus heutiger Zeit erreicht wurde, liegt bei etwa 700 Metern. Der Japaner Yamada Gumbe löste mit einem japanischen Kyūdō-Bogen einen Schuß, der 450 Meter überbrückte und als Rekord für diese Bogenart gilt.

Zur Geschichte des Bogens in Japan

Verglichen mit den großen Kulturen des asiatischen Festlandes und denen des Mittelmeerraums ist die japanische Kultur überraschend jung. Die Kulturen der Ägypter, Inder, Kreter, Semiten, Griechen und Perser reichen in wesentlich frühere Zeiten zurück als die japanische. Besonders augenfällig und für unsere Untersuchung bedeutsam ist der Vergleich mit China. Seit ihren ersten Anfängen sind japanische Geschichte und Kultur auf das engste mit der des asiatischen Festlandes, besonders der kontinental-chinesischen, verbunden. Die chinesische stand ihrerseits aller Wahrscheinlichkeit nach seit ihren ersten Tagen mit zentralasiatischen Kulturen in wechselseitigem Kontakt.

Über Korea gelangten chinesische Einflüsse und durch diese Vermittlung auch aus früheren Kulturen Überliefertes auf den japanischen Archipel.[1] Man hat zu Recht, wenn auch oft allzu überspitzt darauf hingewiesen, japanische Kultur setze die des chinesischen Festlandes voraus. Überspitzt, da diese im Kern richtige Auffassung leicht übersieht, daß alles nach Japan Gelangte hier nicht bloß übernommen und konserviert, sondern in kreativer Weise in Eigenständiges integriert und für Eigenständiges nutzbringend modifiziert wurde. Die Impulse allerdings sind größtenteils chinesischen Ursprungs.

Die ersten Bevölkerungsgruppen Japans waren keine bodenständigen Ureinwohner der Inselkette, sondern Volksgruppen verschiedener Rassenmerkmale, die sich seit etwa 30000 v. Chr. aus dem südlichen Zentralasien in östliche Richtung auf die Wanderschaft begaben und unter anderem nach Japan gelangten, von wo aus sie später nicht weiterziehen konnten. In prähistorischer Zeit war die japanische Inselkette noch teilweise mit dem Festland verbunden und das Wasser in den vom Meer überspülten Teilen flach und relativ problemlos zu überqueren. Später jedoch senkte sich der Boden, und der Archipel war weitgehend vom Festland isoliert. Reste einer dieser ersten Volksgruppen scheinen die wahrscheinlich proto-kaukasischen Ainu gewesen zu sein. Zwischen 15 000 und 16 000 Menschen dieser Gruppe, später Kumaso (von jap. *Kuma*, Bär; dieses Tier genoß bei den Ainu göttliche Verehrung) oder auch Ebisu, Barbaren, genannt und heute noch von Normaljapanern als solche verachtet, leben heute noch auf der Insel Hokkaido im nördlichsten Teil Japans. Ihre Verdrängung in den Norden und völlige Unterwerfung war immerhin erst im 18. Jahrhundert unserer Zeitrechnung abgeschlossen. Zwar ist die genaue Herkunft der Ainu bis heute nicht geklärt – manche Forscher halten sie für ursprünglich malaiischer, andere für mongolischer Abkunft, wieder andere für eine Mischung aus beiden –, aber sicher ist, daß dieses Volk bereits mit Pfeil und Bogen auf die Jagd ging. Ihr Bogen bestand aus einem kurzen, einfachen Stück Holz (Stabbogen) mit einer Sehne aus tierischem Material. Dieser Bogen, mit dem die Ainu auch vergiftete Pfeile verschossen, breitete sich nicht über die gesamte Inselkette aus, sondern blieb lediglich in Händen dieser Volksgruppe, er steht also in keiner Verbindung zu späteren Bogen japanischer Provenienz.

Gleichzeitig mit dieser Bevölkerungsgruppe, eventuell später oder sogar früher, eindeutige Forschungsergebnisse gibt es nicht, erreicht eine andere Einwanderungswelle den japanischen Archipel, die vermutlich eng mit den Trägern der Waldkulturen Nordostasiens in Verbindung stand; jedoch ist auch ihre Herkunft bisher nicht sicher geklärt. Diese Gruppe wurde später Träger der Jōmon-

Kultur (ca. 10000–250 v. Chr.), so bezeichnet nach dem für sie charakteristischen Schnurmuster-Dekor ihrer kunstvollen Keramik, der weltweit frühesten bisher bekannten Keramik überhaupt. Anthropologisch gesehen weisen weder die Ainu noch die Träger der Jōmon-Kultur Eigentümlichkeiten auf, die denen der heutigen Japaner, die im wesentlichen mongolischer Herkunft sind, entsprechen. Ob diese Bevölkerungsgruppe die Technik der Keramikherstellung selbst erfunden hat, dieses Wissen vom asiatischen Festland mitgebracht hat oder erst auf dem japanischen Archipel entwickelt hat, ist zur Zeit noch ungeklärt. Funde späteren Ursprungs auf dem asiatischen Festland lassen vermuten, daß diese Kulturleistung höchsten Grades unter Umständen schon dort vollbracht wurde und nicht unbedingt die Leistung der Jōmon-Bevölkerung Japans sein muß. Auch japanische Archäologen vermuten, daß künftige Ausgrabungen in Korea wahrscheinlich dem Jōmon-Material ähnliche Funde zutage fördern werden.

Ebenso verhält es sich mit dem Bogen dieser Bevölkerungsgruppe. Obwohl er erst kurz nach der Invention der Keramik entwickelt wurde – zumindest liegen bisher keine früheren Funde vor –, könnten diese Einwanderer auch seine Kenntnis bereits mitgebracht haben. Ähnliche Pfeilspitzen, wie die der Jōmon-Leute aus Feuerstein, wurden jedenfalls auch auf dem asiatischen Festland gefunden. Die ältesten in Japan erhaltenen Bogen wurden in der Präfektur Fukui am Ausgrabungsort Torihama gefunden. Es handelt sich um zwei Bogen, die aus dem Alt-Jōmon stammen und etwa zwischen 7000 und 6000 v. Chr. hergestellt worden sind. Einer mißt 1,29 Meter, der andere genau einen Meter Länge. Erstaunlicherweise sind diese Bogen aus Kaya-Holz (*Torreya nucifera*, Nußeibe) bereits von ihrer oberen bis zur unteren Spitze mit Wicklungen aus Birkenholz versehen, wahrscheinlich, um auf diese Weise die Stärke des Bogens zu erhöhen, ihn elastischer zu machen und dadurch vor allzu schnellem Brechen zu bewahren. Ein erstaunliches Verfahren, wenn man bedenkt, daß ausgiebige Wicklungen eigentlich Merkmale von Kompositbögen sind, deren einzelne Materialschichten auf diese Weise fester zusammengehalten wurden. Es könnte allerdings auch sein, daß die Wicklungen der Jōmon-Bogen mit dem ausgeprägten Schmuckempfinden der Jōmon-Leute zusammenhängen, denn die Schnurmuster ihrer Keramik ähneln in auffallender Weise dem Wicklungsmuster ihrer Bogen.

Aus dem jüngeren Jōmon (ab etwa 1000 v. Chr.) stammen die Funde mehrerer erhaltener Bogen und Bogenreste. Diese Bögen bestehen wie die beiden ältesten Jōmon-Bogen aus einem einfachen Stück Holz und variieren zwischen einer Länge von etwa 0,70 und 2 Metern. Erstaunlicherweise sind einige dieser Bogen bereits lakkiert, sicherlich, um sie vor Witterungseinflüssen zu schützen. Der unterschiedlichen Länge dieser Bogen kommt wahrscheinlich keine spezifische Bedeutung zu. Sie erklärt sich einfach von der Länge des gefundenen Rohmaterials her, das man nur kürzte, wenn es die Körperlänge des Schützen erheblich überschritt und der Bogen deshalb unhandlich geworden wäre. Am häufigsten benutzte Materialien waren Äste oder Zweige der Matsu (Kiefer), Kaya (Nußeibe) oder des Kuwa, des Seidenbaums, dessen Blätter der Seidenraupe zur Nahrung dienen. Diese frühen Jōmon-Bogen waren mit Sicherheit keine Kompositbogen, sondern aus einem einzelnen Stück Holz gefertigte Stabbogen. Gegenteilige Darstellungen widersprechen allen neueren japanischen Berichten der Archäologie, die an

keiner Stelle, weder für die Jōmon-Zeit noch für die anschließende
Yayoi-Zeit irgendwelche zusammengesetzten Komposit- oder Reflexbogen erwähnen.[2]

Etwa im dritten Jahrhundert vor unserer Zeitrechnung folgte ein
weiterer Einwanderungsschub, diesmal mongoloider Volksgruppen aus südchinesischen und koreanischen Bereichen des asiatischen Festlands. Von dort wurden größere Volksgruppen durch
Kriege und Expansion des chinesischen Reiches unter den Ch'in-
Kaisern (221–207 v. Chr.), die China zum ersten Mal zu einem
einheitlichen Imperium zusammenschlossen, und auch unter der
nachfolgenden Han-Dynastie (206 v. Chr.–220 n. Chr.) verdrängt.
Diese Volksgruppen gehörten eindeutig einer mongolischen Rasse
an und wurden, nachdem sie den japanischen Archipel erreichten,
Träger der Yayoi-Kultur, nachdem sie sich – wenn auch wahrscheinlich in begrenztem Ausmaß – mit den Trägern der Jōmon-
Kultur vermischt hatten. Das so entstandene Volk wird dem
derzeitigen Forschungsstand nach allgemein als Prototyp der heutigen Japaner betrachtet. Frühere Vermutungen, die Träger der
Jōmon-Kultur oder die Ainu seien die Vorfahren des japanischen
Volkes, gelten heute als überholt.

Die Jōmon- und die Yayoi-Leute sind deutlich verschiedener
Herkunft, sowohl rassisch (die Jōmon-Leute sind nicht mongoloider Herkunft) als auch im Hinblick auf ihre Artefakte. Die Keramik
der Yayoi-Kultur, so genannt nach dem ersten Fundort von Gegen-
ständen dieser Kultur, ist spärlicher mit Ornamenten verziert als die
der Jōmon-Kultur. Die Yayoi-Leute besaßen bereits die Töpfer-
scheibe, verstanden es, Eisen zu schmelzen und Bronze herzustellen. Sie trieben bereits Ackerbau und hatten die Methode des

Naßfeld-Reisanbaus und auch Pferd und Kuh vom Festland mitgebracht. In späteren Siedlungsstätten fanden sich zahlreiche Gegenstände der chinesischen Han-Dynastie, zum Beispiel Bronzemün-
zen, Bronzespiegel, Bronzeglocken und breite, dünne Waffen wie
Speere, Schwerter und ähnliches. Die Ankunft dieser Volksgruppe
oder Volksgruppen bedeutete für die japanische Inselkette gegenüber der Sammler- und Jägerkultur der Jōmon-Zeit alles in allem
eine völlige technische Neuordnung. Trotz der teilweisen Durchdringung beider Kulturen, die zu regionalen Modifizierungen der
allmählich vorherrschenden Yayoi-Kultur führte, ist die Jōmon-
Kultur mit der Zeit gänzlich verschwunden und hat offensichtlich
der späteren japanischen Lebensweise kein wesentliches Element
hinzugefügt, ganz im Gegensatz zur Kultur der Yayoi-Leute.

Während die Jōmon-Leute ihre Pfeilspitzen noch aus Stein
fertigten, verstanden es die späteren Yayoi bereits, eiserne Spitzen
zu schmieden. Daß sie anfangs und zum Teil auch später noch
häufig Feuersteinspitzen verwandten, hängt damit zusammen, daß
Feuerspitzen einfacher und schneller herzustellen waren. Einmal
verschossene Pfeile blieben nämlich oft unauffindbar und mußten
rasch ersetzt werden. Der Bedarf an Pfeilen muß erheblich gewesen
sein, denn mit dem Beginn der Reiskultivierung entstanden Streitig-
keiten um Boden- und Wasserrechte.

Aus der Yayoi-Zeit stammt auch die bisher älteste gefundene
künstlerische Darstellung von Pfeil und Bogen. Auf einer Bronze-
glocke aus dem 3. Jahrhundert v. Chr. sind Jagdszenen dargestellt,
die unter anderem einen Schützen zeigen, der gerade einen Pfeil
gelöst hat. Dieser Schütze hält seinen Bogen etwa an der Grenze des
unteren Drittels der Gesamtlänge. Der Yayoi-Bogen ist also,

ähnlich dem heutigen Kyūdō-Bogen, eindeutig asymmetrisch. Diese Asymmetrie, die der Jōmon-Bogen nicht aufwies, erklärt sich wahrscheinlich aus der Jagdtechnik der frühen Yayoi. Beim Fischfang hielten sie den Bogen ruhig über dem Wasser und warteten, bis sich die Beute nahe genug heranbewegt hatte. Dabei waren natürlich Bogen mit kürzeren unteren Hälften besonders geeignet. Dieses ruhige Abwarten, auch heute noch ein besonders gepflegtes Merkmal des Japaners, scheint auch bei der Jagd zu Land oder bei kriegerischen Auseinandersetzungen angewandt worden zu sein. Einige Schädelfunde aus der Yayoi-Zeit weisen nämlich Einschußlöcher in der oberen Schädeldecke auf; der Angreifer scheint also auf einem Baum hockend seinen Gegner erwartet zu haben; dann schoß er von oben. Eine derartige Verfahrensweise, die verlangt, daß man den Bogen längere Zeit schußbereit in der Hand hält, wird durch einen unten kürzeren Bogen erleichtert. Würde man ihn erst heben, wenn Opfer oder Beute sich in bequemer Schußweite befinden, würde die Bewegung den Schützen leicht verraten oder die Beute verscheuchen.

Wir können den Bogen der Yayoi aufgrund seiner Asymmetrie – diese Form ist meines Wissens bis heute einmalig auf der Welt – mit ziemlicher Sicherheit als den Prototyp des japanischen Kyūdō-Bogens ansehen. Diese asymmetrische Form behielt man auch später bei, als die Bogen grundsätzlich in einer Länge von etwa zwei Metern hergestellt wurden, da damit vor allem ihre Handhabung beim Schießen zu Pferde (jap. *yabusame)* erheblich erleichtert wurde. Die ältesten Yayoi-Funde am Ausgrabungsort Nabatake in der Provinz Sada förderten übrigens gleich vier Bogen von durchschnittlich 80 cm Länge, jeder aus einem einzigen Stück Holz gefertigt, ans Tageslicht. Alle nachfolgenden Epochen Japans von der Yamato-Zeit (300–

710 n. Chr.) bis in die Heian-Zeit (794–1192 n. Chr.) kennen ausschließlich den einfachen Stabbogen. Erst während der Heian-Zeit traten etwa zu Beginn des 11. Jahrhunderts allmählich die ersten Kompositbogen auf, die sogenannten Fuse-dake-yumi (von *fuse*, bedecken; *take*, Bambus; *yumi*, Bogen), bei denen vorerst nur eine Außenschicht aus Bambus bestand. Die alten Rundholzbogen wurden aber auch weiterhin benutzt, da sich die neuen Bogen infolge unvollkommener Herstellungstechnik noch als leicht zerbrechlich erwiesen und die Wicklungen den Bogen nicht ausreichend zusammenhielten.

Nach und nach wurden dann Bogen mit bis zu vier Schichten Bambus gefertigt, die wegen nun erhöhter Haltbarkeit und verbesserter Zugstärke die alten Rundholzbogen allmählich ganz verdrängten. Diese Entwicklung der Bogenbautechnik scheint erst zur Zeit des Gempei-Krieges (1180–1185) zwischen den rivalisierenden Familien des Taira- und des Minamoto-Geschlechtes und in der folgenden Kamakura-Zeit (1185–1333) abgeschlossen gewesen zu sein. Die Heian-Zeit ist unter anderem durch lebhaften Austausch mit dem großen chinesischen Nachbarn gekennzeichnet, der ja bereits lange vorher den Kompositbogen besaß. Alles spricht dafür, daß mit anderen Kulturgütern auch der zusammengesetzte Bogen während dieser Zeit von China nach Japan gelangte.

Das Bogenschießen wurde bis in die Kamakura-Zeit hinein im wesentlichen als Kyū-jutsu betrieben – das heißt, es standen die technischen Aspekte des Schießens im Vordergrund –, obwohl formale und geistige Aspekte des Bogenschießens nicht unbekannt waren. Der Konfuzianismus, der das Bogenschießen, wenn auch mehr vom Formalen her, als ein Mittel zur Bildung vollkommener

Persönlichkeit empfahl, hatte ja bereits seit dem 4. Jahrhundert in Japan Fuß fassen können.

Als der Zen-Buddhismus Ende des 12. und Anfang des 13. Jahrhunderts durch den Zen-Mönch Eisai (1141–1215) nach Japan gebracht wurde und in enge Verbindung mit dem Kamakura-Shōgunat kam, wandelten sich allmählich auch die Kriegskünste der japanischen Krieger (Samurai, Bushi). Der Begriff des Kyū-jutsu bestand zwar bis in die Tokugawa-Zeit (1600–1868) hinein weiter, aber die zen-buddhistischen Vorstellungen, die das Denken des Kriegers nicht mehr auf die Frage von Leben oder Tod richteten, sondern beides als untrennbare Einheit, als zusammenhängende und sich ergänzende Pole eines Ganzen betrachteten, fanden bei den Samurai schon frühzeitig Aufnahme. Das Freiwerden des Geistes vom Problem Leben/Tod, Sieg/Niederlage, ermöglichte eine höchst wirksame, ungetrübte Konzentration auf den Akt des Kampfes selbst. Schon während der Kamakura-Zeit begannen zahlreiche Samurai (oder wurden von ihren Führern dazu angehalten), in Ausbildung und Training die zen-buddhistische Schulung mit aufzunehmen. Dieses Training bewährte sich während der beiden Mongoleninvasionen von 1274 und 1281, besonders bei der letzteren, während der die Samurai gegen die zahlenmäßig erdrükkende Mongolenübermacht beachtliche Erfolge verzeichnen konnten. Allerdings wurden beide Invasionen letztlich nur durch «gottgesandte» Taifune abgewehrt, durch die Kami-kaze (d. h. «Götterwind»), die die Mongolenflotten größtenteils versenkten.

Als dann 1543 gestrandete Portugiesen erstmals Luntenschloß-Musketen in Japan einführten, trat das Bogenschießen als «Weg des Bogens», als ein Weg zum eigenen Selbst des Schützen und zur

Einheit mit dem All und seinen Kräften, völlig in den Vordergrund. Schon 1575 besiegte der Feldherr Oda Nobunaga bei Nagashino mit Hilfe seines mit Musketen ausgerüsteten Heeres eine zahlenmäßig überlegene, traditionell mit Schwert und Bogen bewaffnete Samurai-Kavallerie. Ironischerweise jedoch wurde Oda Nobunaga später selbst von einem Pfeil zu Tode verwundet, bevor er den Tempel Honnoji in Kyōto, in dem er sich während einer späteren Auseinandersetzung verschanzt hatte, anzündete und anschließend traditionelles Seppuku (Selbstmord durch Bauchaufschneiden) beging.

Lange vorher war das Kyū-jutsu, die Technik und Kunst des Bogenschießens, jedoch bereits vom Gedanken des Dō (d. h. «Weg», chin. Tao) durchdrungen, und 1660 prägte der Bogenmeister Morikawa Kosan erstmals den Begriff Kyūdō (von *kyū*, Bogen; *dō*, Weg). Ungeachtet des Vordringens der Feuerwaffen wurde der Weg des Bogens ununterbrochen weiter gepflegt, bei den Mönchen als Mittel der Meditation, beim Adel als Sport, aber auch hier nicht selten als ein Hilfsmittel auf dem Wege zum eigenen Wesen, zur Überwindung des kleinen Ich. Außerdem fand und findet der Bogen wie seit mythologischen Zeiten in zahllosen Zeremonien und Volksbräuchen Verwendung.

Bis zur quasi-gewaltsamen Öffnung Japans für den Westen durch die USA im Jahre 1868 befand sich der Bogen vornehmlich, wenn auch nicht ausschließlich, in den Händen des Adels. Im Jahr der erzwungenen Öffnung Japans und der Wiedereinsetzung des Tennō – des japanischen Kaisers, dessen Amt in seinem Namen seit der Militärregierung der Kamakura-Zeit von den Shōgunen wahrgenommen worden war – schlug die Regierung unter dem Kaiser Meiji vor, alle traditionellen Kampfsportarten wie Jūdō, Karate, Kendō

und Kyūdō als einer «überwundenen» Epoche angehörend kurzer-
hand abzuschaffen, allerdings ohne den gewünschten Erfolg. Dieser
Versuch der Meiji-Regierung steht in dem umfassenden Kontext der
damaligen Bestrebungen, Japan so weit wie möglich westlichem
Denken zu öffnen und westlicher Kultur anzupassen, zum Teil
sogar durch radikales Überbordwerfen von tief im japanischen
Wesen verwurzelten Traditionen.

Der bis zum Ende der Tokugawa-Zeit staatstragende Stand der
Krieger wurde als solcher aufgelöst, die Samurai wurden teils in den
Adelsstand, teils in den Bürgerstand versetzt. 1871 führte man gar
die allgemeine Wehrpflicht ein – zum größten Entsetzen der
Samurai. Diese verloren damit ihr Privileg und mußten fassungslos
zusehen, wie nun *jeder* männliche Japaner, ungeachtet seiner
Klassenzugehörigkeit, zum Militärdienst aufgerufen werden konnte. 1876 wurde ihnen dann gar das Tragen von Schwertern unter-
sagt. Da die klassischen Kampfkünste wie Kyūdō und Kendō (von
ken: Schwert, *dō:* Weg) traditionell in enger Verbindung mit der
Kriegerklasse standen, wurden auch sie vom Sog der Demokratisierung erfaßt, und zwar so unnachgiebig, daß sie später schließlich auf
ihr Iemoto-System (von *ie:* Haus, Familie; *moto:* Wurzel) verzich-
ten mußten.

Alle anderen traditionellen Künste wie der Tee-Weg, der Blumen-Weg und so weiter haben dieses System beibehalten. Der
Iemoto ist das Oberhaupt der jeweiligen Kunst, und jeder Übende
vom Anfänger bis zu den oberen Rängen ist durch ein System
hierarchischer Vermittlung mit dem Iemoto verbunden. Das garantiert Erfolg für den Schüler, aber auch enormen Profit für die
höheren Lehrer und ganz besonders für den Iemoto. Jedes Diplom

muß, nach westlichen Vorstellungen, unglaublich teuer bezahlt
werden; jeder Lehrer kann, neben den an sich schon hohen
Unterrichtsgebühren, mit erheblichen Geschenken, oft in Form
von Geld, zu bestimmten Jahreszeiten rechnen. Der Großteil fließt
in die Taschen des Iemoto und seiner nächsten Untergebenen. Je
höher der Rang, desto höher der Betrag, der nach oben weiterge-
reicht wird, wobei zu bedenken ist, daß das Schüler-Lehrer-
Verhältnis nicht aufgelöst und schon gar nicht umgekehrt werden
kann, auch wenn sich später der Schüler als besser erweist als sein
Lehrer.

Mit der Aufhebung des Iemoto-Systems, die endgültig durch das
vorübergehende Verbot der traditionellen Kampfkünste durch die
amerikanische Besatzungsmacht nach Ende des Zweiten Weltkrieges abgeschlossen war, ergab sich das erstaunliche Paradox, daß bis
heute ausgerechnet die klassischen Kampfkünste der Samurai westlichen Vorstellungen von innerer organisatorischer Demokratie und
relativer Offenheit nach außen am nächsten kommen. Jeder Interes-
sierte kann, ungeachtet seiner finanziellen Lage, den Weg des
Kyūdō beschreiten. Während man bei den Kampfkünsten lediglich
mit normalen Vereinsgebühren rechnen muß, ist jeder Schüler der
anderen traditionellen Künste enormen finanziellen Belastungen
ausgesetzt.[3]

Die amerikanische Besatzungsmacht hatte 1945 neben den anderen Budō-Disziplinen auch das Kyūdō verboten, da es geeignet sei,
den militärischen Geist erneut zu fördern. Damit erreichten die
Amerikaner zwar eine relative Demokratisierung innerhalb der
Kampfkünste. Andererseits aber stärkte und förderte dieses Verbot
das tief im japanischen Wesen verankerte Interesse an eben diesen

Kampfkünsten, machte sie populärer, als sie ohnehin schon waren. Bereits 1948 konstituierte sich der All-Japanische-Kyūdō-Verband *(Zen Nippon Kyūdō Remmei)*, dem heute etwa 600 000 organisierte Schützen angehören.

Der meditative Charakter des Kyūdō hat sich zwar auch heute noch weitgehend erhalten, aber Tendenzen, die wieder mehr die technische Seite betonen, sind bereits unleugbar vorhanden. Dazu tragen die zahllosen Wettkämpfe und Meisterschaften bei, die jährlich abgehalten werden und Tausende von Zuschauern anlokken. Neben den All-Japanischen Meisterschaften, den All-Japanischen Volkssportfesten, den Meisterschaften der Präfekturen und Stadtregionen, dem Schießen vor dem Kaiserlichen Hof, an dem nur die besten Schützen der Präfekturen teilnehmen dürfen, dem Wettkampf zwischen den heute bestehenden Kyūdō-Lehrrichtungen *Heki-ryū*, *Honda-ryū* und *Ogasawara-ryū (ryū:* Schule, Lehrrichtung), bei dem bisher meist die *Heki-ryū*-Schützen siegten, gibt es Wettkämpfe und Meisterschaften nur für Gymnasiasten, nur für Studenten und nur für Angestellte und Arbeiter. Nahezu jede größere Universität hat einen Kyūdō-Verein, das Fernsehen sendet von Zeit zu Zeit Kyūdō-Lehrstunden und überträgt teilweise einige der oben genannten Wettkämpfe. Einige der größeren Firmen haben sogar eigene Kyūdō-Hallen, in denen die Beschäftigten mehrmals in der Woche üben – nach Feierabend.

Zweiter Teil

Die geistigen Grundlagen des Kyūdō

Der Atem und das Atmen

«Richtiges Atmen ist bei Kyūdō so wichtig wie Pfeil und Bogen selbst; ohne richtiges Atmen kein befriedigender Schuß.»

Dieser grundlegende Hinweis steht bei vielen Meistern am Anfang jeder praktischen Unterweisung. Und in der Tat, wer einmal den Bogen zur Hand genommen und einen Pfeil von der Sehne in Richtung Ziel gelöst hat, fühlt und weiß sofort, wenn er falsch geatmet hat: Dieser Schuß war das Ergebnis einer gequälten Anstrengung.

Man fühlt Bedauern für Pfeil und Bogen ob dieser groben Vergewaltigung, und auch für den Schützen, denn in ihm bleibt, auch für den Betrachter wahrnehmbar, ein höchst ungutes Gefühl von Disharmonie zurück. Er ist mit sich selbst unzufrieden, schon von dem Moment an, wo er den Schuß gelöst hat und den Pfeil träge schlingernd in Richtung Ziel schwirren sieht, welches er bestenfalls zufällig treffen wird.

Dieses Gefühl von Unzufriedenheit mit sich selbst, ein Unbefriedigtsein mit der gerade vollführten Handlung und eine innere Disharmonie als Ergebnis fehlerhaften und unnatürlichen Atmens ist nicht auf das Bogenschießen allein beschränkt: Unzweckmäßiges Atmen führt in allen Lebenssituationen zu Unausgeglichenheit und Verkrampfung und ist oft genug Ursache organisch-körperlicher Störungen, nicht nur in Extremfällen.

Obwohl es hier keineswegs zum ersten Mal geschieht[1], scheint es doch von Nutzen, auch hier genauer auf Funktion und Bedeutung von Atem und Atmen für Körper und Geist einzugehen. Dabei wollen wir auch die historischen Wurzeln dieser für alle traditionellen japanischen und chinesischen Kampfsportarten grundlegenden Anschauungen betrachten, bevor wir uns explizit der Rolle des

Atmens beim Kyūdō zuwenden. Den meisten Menschen ist zwar die Wichtigkeit unserer Atmung für Körper und Geist bekannt, aber nur wenige sind sich dieser Bedeutung auch bewußt, und noch weniger wenden diese so einfache und mühelose Praktik in ihrem Alltagsleben an.

Biologisch-medizinisch müssen wir qualitativ und quantitativ die Luft als unser eigentliches «Hauptnahrungsmittel», unser täglich Brot betrachten, denn der menschliche Körper besteht in seiner Grundzusammensetzung zu 65 Prozent aus Sauerstoff, zu 18 Prozent aus Kohlenstoff und zu 10 Prozent aus Wasserstoff. Mit 93 Prozent ist demnach die Luft an der Existenz unseres Körpers beteiligt. Die Eindringlichkeit, mit der die verschiedenen Yoga-Schulen und die meditativen Schulungswege von Tantrismus, Buddhismus und Taoismus auf richtiges Atmen als eine der Grundbedingungen gesunden Lebens und darüber hinaus als eines der Mittel geistigen Wachstums und der Selbsterkenntnis hinweisen, wird daraus verständlich.

Unzweckmäßiges, unnatürliches und oberflächliches Atmen hat negative Auswirkungen auf den gesamten Atmungsapparat, die Kehle, Bronchien, den Thorax, Abdomen und das Zwerchfell. Es kommt zu Schlackenbildungen, gasartige Rückstände häufen sich in immer stärkerem Maße an und verseuchen den gesamten Körper, langsam, aber unabänderlich. Dieser Sachverhalt im Verein mit unzureichender Sauerstoffzufuhr und -verteilung führt zu Verdauungsstörungen, nervöser Reizbarkeit, Angstgefühlen, Schlafstörungen, Schlaflosigkeit und zahllosen anderen Leiden. In Extremfällen sind Herzanfälle, Infarkte und geistig-seelische Defekte die Folgen. Selbstverständlich verhindert eine derartige Atmung geistige und körperliche Höchstleistungen, denn jegliches Sich-Konzentrieren über eine längere Zeitspanne hinweg wird dann zur Qual. Konzentration gelingt auch für kürzere Perioden nur unter unnatürlicher Anstrengung, und mancher greift zu gefährlichen Krücken, indem er mit verschiedensten chemischen Präparaten, Drogen, Nikotin oder auch Alkohol nachhilft. Der Weg zu schöpferischer Kreativität, ruhigem, gelassenem Über-den-Dingen-Stehen, innerer Sicherheit bleibt hoffnungslos verstellt. Das bekannte «Sich-Zusammenreißen» verkrampft nur noch mehr und ist nichts als ein Selbstbetrug, der letztlich nirgendwohin führt, allenfalls in eine Sackgasse, da es die Wurzeln des Übels unangetastet läßt.

Richtiges Atmen andererseits reinigt und entschlackt den Körper, schützt ihn vor Krankheiten, verleiht Ruhe, Sicherheit und Energie und gewährleistet eine jeder Situation und Aktivität angemessene Sauerstoffzufuhr und -verteilung. Einige Yoga-Schulen und der sogenannte alchemistische und volkstümliche Taoismus betonen, durch entsprechendes Atmen könne der Mensch die Leistungsfähigkeit von Geist und Körper nicht nur in jede nur vorstellbare Richtung hin optimieren, sondern darüber hinaus sich selbst verjüngen und seine Lebensspanne um eine beträchtliche Anzahl von Jahren verlängern. Diese Vorstellung reichte bei den späteren Taoisten bis hin zu der Überzeugung, man könne durch bestimmte Atemtechniken bei gleichzeitiger Anwendung anderer Techniken, zum Beispiel verschiedener meditativer Sexualtechniken, im eigenen Körper eine Art Lebenselixir destillieren.

Yoga, Taoismus und Zen-Buddhismus sind sich darin einig, daß wir beim Atmen nicht lediglich «Luft holen», sondern unseren Körper mit etwas wesentlich Wichtigerem versorgen: Während er atmet, nimmt der Mensch einen bestimmten Teil der Summe sämtlicher Energien des Kosmos auf, einen Teil jener Energien, ohne die jegliches Leben unmöglich wäre. Das gesamte All besteht in letzter Konsequenz aus kosmischer «Luft» oder Energie, von den Indern Prana, den Chinesen Ch'i und den Japanern Ki genannt.

Materie in ihren verschiedensten Erscheinungsformen, also auch der Mensch, entsteht durch nichts anderes als durch Prozesse in dieser kosmischen Energie, so daß wir uns jede Art von Leben einfach als eine Konzentrierung organisierter Energie vorstellen können.

Durch den Atemvorgang nehmen wir Grundelemente des Universums in uns auf, benutzen sie für unseren körperlichen und geistigen Lebensprozeß und geben sie wieder ab. In dieser Fähigkeit des Körpers liegen für uns unermeßliche, nie ausschöpfbare Möglichkeiten begründet. Diese so einfache Tätigkeit unseres Körpers ist nicht nur Voraussetzung jeden Lebens, sondern durch sie ist potentiell jedem Menschen der Schlüssel bewußten Zugangs zu den Quellen des Lebens überhaupt in die Hand gegeben, und es kommt nur darauf an, ob und wie er ihn benutzt. Will er diesen wahrhaft goldenen Schlüssel gebrauchen, muß er sich zuerst einmal möglichst weitgehend bewußt werden, daß er, während er atmet, in eine Art direkten, nicht nur geistigen, Kontakt mit dem All und seinen unerschöpflichen, lebensspendenden Energien gelangt. Damit hat er den ersten Schritt in sein eigenes Innen, den ersten Schritt auf dem gewiß nicht immer einfachen, aber um so lohnenderen Wege zu sich selbst getan.

Alan Watts hat das, wenn auch andersherum, sehr treffend folgendermaßen ausgedrückt: «Das Individuum ist eine ‹Öffnung›, durch die die ganze Energie des Universums sich ihrer selbst bewußt wird – ein Wirbel von Schwingungen, durch den sie sich selbst verwirklicht als Mensch, Tier, Blume oder Stern.«[2] Diese Gedanken sind nicht neu, wir finden sie bereits in den indischen Religionen, im Taoismus und den ihm vorangegangenen Anschauungen Chinas in eindringlicher Klarheit formuliert. So können wir mit vollem Recht sagen, daß die entscheidende Lebensbemühung des damaligen Menschen, in China immerhin schon vor etwa 5000 Jahren, darin lag, mit dem elementaren Leben des Kosmos in unmittelbare Berührung zu kommen.

Des öfteren war auf den vorangegangenen Seiten vom Taoismus die Rede, und der eine oder andere Kyūdōka (Bogenmensch) könnte einwenden, daß anerkanntermaßen zwar der Zen-Buddhismus in gewisser Beziehung zum japanischen Bogenschießen steht, nicht aber der Taoismus oder irgendeine seiner Ausprägungen. Selbst die meisten Japaner sind sich des Einflusses, den der Taoismus auf ihre Kultur ausgeübt hat und noch ausübt, nicht bewußt, da in ihrer gesellschaftlichen und politischen Ethik seit Jahrhunderten die Regeln und Ideale des Konfuzianismus betont werden. Es sind zwar keine direkten Einflüsse des Taoismus auf das heutige Kyūdō, als Weg des Bogens verstanden, festzustellen, obwohl nach John Blofeld wahrscheinlich auch Taoisten in China bis in die jüngste Zeit das Bogenschießen als ein Mittel auf dem Weg zur Erleuchtung praktiziert haben und den Bogen in alter Zeit zweifellos zu diesem Zweck verwandten.[3] Doch hat das Zen seine wesentliche Ausprägung in China erfahren, wo es, noch stärker als vor ihm der Buddhismus, eine Symbiose mit dem durch alle Epochen hindurch lebendig gebliebenen Gedankengut des Taoismus einging.

Die Theorien von Atem und Atmung zeigen diesen Sachverhalt besonders deutlich, denn die Atemtechniken des Zen-Buddhismus ruhen auf den Grundlagen des chinesischen Universismus, zu dem auch der Taoismus zählt, und sie sind ohne diese Basis undenkbar. Ähnliche Atemtheorien und -techniken kennt zwar auch das indische Yoga, aber man nimmt heute allgemein an, daß das alte chinesische System früher, zumindest aber unabhängig von Yoga-Einflüssen entstanden ist. Zudem hat das Zen die übernommenen Atemtechniken nur ansatzweise in ein ihm eigenes übergreifendes System eingeordnet. Es verwendet diese Techniken vorrangig als praktische Grundlage seiner eigentlichen Meditation, das heißt zum Erlangen jenes Zustands geistiger und körperliche Ruhe, der für jede Art von meditativer Versenkung unabdingbare Voraussetzung ist.

Die Wurzeln des Buddhismus sind, wie allgemein bekannt, in Indien (Upanischaden) zu suchen. Im ersten nachchristlichen Jahrhundert, während der Han-Zeit (221 v. Chr.–220 n. Chr.), gelangte er nach China. Erst im sechsten Jahrhundert n. Chr. folgte ihm der später entstandene Zen-Buddhismus, als Bodhidharma, der vom Zen als 28. Patriarch in der indischen Linie und gleichzeitig als 1. Patriarch des Zen in China verehrt wird, China erreichte. Das Entstehen des Zen in Indien (Skrt.: *dhyāna*) wird oft als Resultat oder Versuch der Reformierung des dort mit der Zeit entarteten ursprünglichen Buddhismus gesehen. Es mag überraschen, daß der Buddhismus in China, das ja immerhin auf eine eigene, jahrtausendealte Kultur zurückblicken konnte, so schnell und relativ problemlos Fuß fassen konnte. Dies wird aber leicht verständlich, wenn man sich vor Augen hält, daß der Buddhismus in seiner universellen und synkretistischen Mahāyāna-Form, die für jeden befruchtenden Einfluß offen und empfänglich war, nach China kam. Zudem befand sich China zu jener Zeit in einem Umbruchstadium, und es herrschte allgemeine Unsicherheit. Besonders der Norden litt unter nahezu chaotischen Zuständen. Der Konfuzianismus war in seinen gesellschaftlichen und politischen Aspekten und Ansprüchen gescheitert und offensichtlich im Verfall begriffen: die chinesische Gesellschaft war also höchst bereit für frische Ideen, die blutvoll genug erschienen, die Misere überwinden zu helfen.

Niemals auch hatte es der vergleichsweise trockene, hölzerne, am Ende in Formen und Konventionen erstarrte Konfuzianismus trotz aller Anstrengungen erreicht, das alte taoistische Gedankengut in der allgemeinen Bevölkerung und in den Kreisen der Intelligenz wirkungsvoll zu unterdrücken. Beide Richtungen entsprangen ja auch den gleichen Wurzeln, nämlich dem uralten chinesischen Universismus, der Yin-Yang-Schule (jap. *in-yō*).

Die frappierende Bereitschaft, mit welcher der dem Taoismus in vielen Punkten ähnliche Buddhismus und später seine Zen-Richtung in China aufgenommen wurden, wird durch diese Sachverhalte verständlich. Um die Lehre des Buddhismus und das Wesen seines Erleuchtungsgedankens zu erläutern, verwandte man vielfach taoistische Prinzipien; so verfuhr in besonderem Maße Tao-sheng (360 bis 434 n. Chr.), einer der großen Wegbereiter des Buddhismus und Zen in China.

Der Buddha selbst war ursprünglich vom Yoga beeinflußt, reduzierte aber die zahlreichen komplizierten Yoga-Techniken und ebenso das schwierige Yoga-Atemtraining wesentlich. Das bedeutete nicht nur den Verzicht auf die Herausbildung spektakulärer «übernatürlicher» Kräfte, sondern machte den Weg zur Erleuchtung auch für wesentlich mehr Menschen gangbar. Für die Verbreitung der neuen Lehre in China war weiterhin von einiger Bedeutung, daß der Buddha die ausufernde philosophische Spekulation des Yoga, die Überbetonung undurchschaubar gewordener Riten und nicht zuletzt die yogischen Gottes- und Göttervorstellungen verwarf. Obwohl Buddhismus und Yoga ungeachtet aller metaphysischen Differenzen letztlich dasselbe Ziel anstreben, weisen die Systeme beider Schulen deshalb in deutlich voneinander unterscheidbare Richtungen. In den Atemtechniken des Kyūdō sind indische Elemente nur am Rande auszumachen, und wir können den Yoga in dieser Hinsicht hier beiseite lassen.

Ein wichtiger Unterschied zwischen Taoisten und orthodoxen Buddhisten liegt darin, daß viele der letzteren meinen, der Ursprung allen Leidens liege unter anderem in der Vergänglichkeit, Unbeständigkeit und dem ewigen Wandel des Lebens, was letztlich Unsicherheit bedeute. Dagegen erkennen die Taoisten, ebenso wie das Zen, Unbeständigkeit und die daraus resultierende Unsicherheit, den Wandel überhaupt, als gegebene Grundkomponenten des Daseins vorbehaltlos an. Nur im Wandel selbst liegt für sie Beständigkeit. Es gibt nichts Negatives im Vergehen und Sterben des Existierenden, denn Sterben bedeutet nichts weiter als Umwandlung, der niemand entfliehen kann. Das Ziel der Taoisten und Zen-Buddhisten liegt deshalb darin, sich selbst ohne Widerstand und unsinnige Fluchtversuche in diesen ewigen Wandel und Kreislauf zu integrieren. Sterben und Unbeständigkeit wohnt ungeahnte Kreativität inne, denn sie sind Grundlage jeden neuen Lebens, jeden neuen Beginns.

Auch dem Westen ist diese Vorstellung nicht neu. Goethe drückt sie so aus:

> Und so lang du das nicht hast,
> dieses Stirb und Werde,
> bist du nur ein trüber Gast
> auf der dunklen Erde.[4]

Haben wir das innerlich erfaßt und erfahren, fällt jegliche Angst von uns ab, und keinerlei trügerische Hoffnung kann uns mehr umgarnen. Wir erkennen, daß der Tod das schöpferischste Moment des Lebens ist: keine Spur von Leiden.

Meditatives Atmen ist ein hervorragendes Hilfsmittel auf dem Weg, sein Selbst zu erkennen, das gegenseitige Bedingtsein von Individuum und Kosmos zu erfahren und das individuelle Selbst in dem ihm gesetzten kosmischen Rahmen zu verwirklichen. Mit anderen Worten: Meditatives Atmen wandelt unseren Geist und macht den Menschen fähig, sein verschüttetes inneres Selbst neu zu entdecken. Er wird dabei gewahr, daß er ein integrierter Bestandteil des Universums ist, daß letztlich das Universum durch ihn und er durch es existiert, daß Individuum und Kosmos in zeitlosem Wechsel von Werden und Vergehen in untrennbarer Einheit verbunden sind. Um glücklich zu sein, kommt es darauf an, mit dem All, seinen Kräften und Gesetzen auf möglichst vollkommene Weise in Übereinstimmung und Harmonie zu leben.

Hört der Mensch auf zu atmen, beendet er auch sein Leben in seiner jetzigen Form. Atmen und Atem sind Grundbedingungen des Lebens. Von alters her kennt auch der Westen diese zentrale

Rolle des Atems und hat dem in Begriffen wie Lebensodem oder Lebenshauch Ausdruck verliehen. Allerdings ist dieser Gedanke niemals zu einem übergreifenderen System erweitert oder in ein solches System integriert worden. Ganz anders im Taoismus und den meditativen Schulen des Buddhismus, wo der Atem (chin. *ch'i*, jap. *ki*) und seine Regulierung eine bedeutende Rolle spielen.

Der Zentralbegriff des Taoismus ist das Tao (sino-jap. *dō*, jap. *michi*), was Kreislauf und Weg des Alls, harmonischer Wandel der Natur, schöpferisches Prinzip bedeutet. Tao zeugt und erhält alle Dinge spontan aus sich selbst, läßt sie blühen und vergehen, ist ewig-schöpferischer Weg und Urgrund, der Anfang und Ende allen Seins einschließt. Alles, was ist, geht aus Tao hervor und kehrt wieder in Tao zurück. Es ist das Absolute, das reine Sein, das ohne Anfang ist und doch als Anfang des Daseins dieses als Potential in sich birgt.[5] Tao ist also zweierlei: Sein und Nicht-Sein. Das Hamlet-Wort «Sein oder Nichtsein» trifft nicht den Kern dieser Anschauung, denn Sein und Nicht-Sein bilden eine Einheit, in der nichts von einer Frage um Sein *oder* Nicht-Sein Platz hat. Da Tao als Nicht-Sein das Sein bereits in sich trägt, wird es als Sein für den Menschen erfahrbar. Ihm ist die unschätzbare Möglichkeit gegeben, im Leben, hier und heute, mit dem Weg des Alls, dem harmonischen Wandel der Natur, dem schöpferischen Urprinzip eins zu werden. Als transzendentes Tao, als Nicht-Sein, ist es unserem Fassungsvermögen entzogen; allenfalls können wir es ahnen, aber es bleibt im Dunkel verborgen.

Aus dem Tao gehen Yin und Yang hervor, zwei einander bedingende Kräfte. Yin bezeichnet das dunkle, tiefe (Erde), ruhende, gebärende, weibliche Prinzip, während Yang das helle, hohe

(Himmel), bewegende, zeugende, männliche Prinzip darstellt. Dem regelmäßigen Sichablösen der Jahreszeiten in der Natur, dem Sterben und Geborenwerden des Menschen, allem Werden, Blühen und Vergehen liegt die auf dem gesetzmäßigen Wirken des Tao beruhende kreative Wechselwirkung der beiden Prinzipien zugrunde. Das ruhende Yin trägt alle Wesen, und das bewegende Yang umfaßt sie. Durch den Atem vereint, bilden sie das Tao. Neben dem Tao des Alls steht das Tao des Menschen, der Leben und Lebenskraft dem Paar Yin und Yang verdankt, ein Produkt beider ist – besteht er doch aus den gleichen Elementen wie Welt und Universum. Mit Lao-tzu (Laotse), der wahrscheinlich im 4. Jahrhundert v. Chr. lebte und als Urvater des sog. philosophischen Taoismus gilt, ausgedrückt: Die Bahn des Himmels ist das Tao, welches letztlich alles durchdringt, in allem enthalten ist, allem zugrunde liegt.[6]

Ein anderer Hauptbegriff des Taoismus, der auch für das Kyūdō von Bedeutung ist, ist Wu-wei, das soviel wie Nicht-Tun oder «ohne Tun» meint. Der Begriff wurde aus der Betrachtung von All und Natur gewonnen, denn hier geschieht alles ohne Leidenschaft, ohne besondere Anstrengung, ruhig, natürlich und ohne jeden Vorsatz. Die Knospe öffnet sich spontan ohne Bemühung, die überreife Melone platzt, ohne daß ein absichtliches Wollen bemerkbar wäre. So soll auch der Mensch handeln, unbewußt und spontan. Lao-tzu sagt, er solle Regungslosigkeit üben, sich mit Untätigkeit beschäftigen, das Tao nachahmen, denn das Tao sei ewig ohne Tun, obwohl es nichts gibt, was es nicht geschaffen hätte.[7]

Dieses Wu-wei-Prinzip ist von vielen, die sich nur oberflächlich mit taoistischem Denken beschäftigt haben, miß-verstanden worden. Sie haben diesen Grundsatz fälschlich als Aufforderung zu

träger Passivität oder bequemem Laisser-faire interpretiert. Es
meint jedoch reine Aktivität, eine höchst aktive Ruhe, eine Spontaneität des Handelns, die durch keinerlei geschäftige Unruhe, Handeln um des Handelns willen, krampfhaftes Wollen unseres kleinli-
chen Ego beeinträchtigt ist. Wu-wei meint handelndes Nicht-Tun,
das aus sich selbst heraus im genau richtigen Moment genau das
Richtige tut, was nur durch aktives Wachsein möglich wird. Diese
natürliche, unbeabsichtigte und nichts wollende ruhige Gespannt-
heit ist stets bereit zu tun, was nötig ist, würde aber durch jedes
äußerliche Wollen blockiert: das Tao könnte unser Wesen, Denken
und Handeln nicht durchfließen, könnte sich nicht in uns entwikkeln, und wir würden in bloßem Machen steckenbleiben.

Yin und Yang können wir in uns durch Ch'i, den Atem, in
harmonischen Ausgleich bringen. Dieser Harmonisierungsprozeß
ist grundlegend für jede Selbsterkenntnis und -verwirklichung, für
die Heimkehr ins Tao. Wir haben bereits gesehen, daß wir mittels
unserer Atemfunktion in konkretem Kontakt mit dem All, den
Quellen des Lebens stehen. Wenn wir unseren Atem kontrollieren,
erreichen wir innerlich und äußerlich, geistig und körperlich, ein
Stadium aktiver Ruhe, das dem Wu-wei entspricht und das ausglei-
chend auf das uns bestimmende Wirken der ruhenden Yin-Kräfte
und der bewegenden Yang-Kräfte wirkt. Beide Kräfte in uns
werden in ein optimales Verhältnis zueinander gebracht, was
Körper und Geist stabilisiert. Ohne diese tragende Ausgeglichenheit ist im Kyūdō kein wirklich gelungener Schuß möglich.

Von dieser Ebene absoluter und hellwacher Stille aus blickt der
Mensch in sein inneres Wesen, wird eins mit ihm und kann mit sich
selbst und seiner Umwelt Frieden schließen. Er muß dazu nicht

irgend etwas, auch nicht sein Ich, wie irrtümlicherweise oft ange-
nommen wird, unterdrücken: Er tut nichts weiter, als sein eigentliches Selbst und sein Ich zu beobachten. Er lernt auf diese Weise
sich selbst kennen, ebenso wie das Wesen seiner Umwelt sich ihm
so von selbst erschließt. Der Bogenschütze, der in dieser Haltung
übt, handelt, ohne zu tun. Er vollführt die nötigen Handgriffe
und Bewegungen, ohne sie bewußt wollend auszuführen, er handelt von innen heraus, ohne sich krampfhaft abzumühen. Er und
der Bogen mit seinen Anforderungen sind eine absichtslose, natürliche Einheit. Geht der Mensch diesen Weg unbeirrt weiter,
lernt er allmählich, sein Leben in den umfassenden Rhythmus des
Kosmos zu integrieren. Er lernt, mit ausgeglichenen Leidenschaften, ohne diese gewaltsam zu unterdrücken, im Tao zu leben,
ohne Streit mit sich selbst und seiner Umwelt – denn, wie Lao-
tzu sagt: Wer nicht streitet, mit dem kann niemand streiten. Er ist
überlegen, ruhig, aber voll schöpferischer Kreativität.

Ausgangspunkt dafür ist die Regulierung des Atems, was am
wirksamsten in der Meditation zu realisieren ist. Es scheint keine
andere Methode zu geben, unser Verhältnis zum Mikrokosmos
und Makrokosmos zu regeln, uns in den Kosmos zu integrieren.
Alle rein philosophischen Bemühungen bleiben auf einer im wesentlichen intellektuellen Ebene stehen und erreichen nicht die
Tiefe geistiger *und* realer Durchdringung, zu welcher meditatives
Atmen vorzudringen vermag. Zwar hilft philosophisches Denken, zu den Wurzeln des Seins zurückzukehren, aber eben doch
nur auf einer philosophischen, gedanklichen Basis. Durch Meditation und Atemregulierung können wir jedoch unmittelbar unserer Einheit mit dem All und der Natur innewerden. Wir werden

auf diesem Wege neu geboren, die bisherige künstliche Trennung von Subjekt und Objekt wird in uns überwunden, beides verschmilzt in eins.

Meditation in diesem Sinne meint nicht nur das traditionelle Sitzen in einer besonderen Haltung. Sie kann vielmehr in jeder Situation geübt werden; ob der Körper sich dabei in Ruhe befindet oder ob er handelt, ist belanglos. Aus unserem Innen sich realisierendes Handeln, wie zum Beispiel das Bogenschießen, hat ebenso meditative Qualität wie ruhendes Sitzen. Wird unser Atem und damit auch Körper und Geist reguliert, ist jede alltägliche Handlung eine Art kreativer Meditation.

Ein alter Grundsatz des chinesischen Universismus, der ganz besonders für den Taoismus gilt, lautet in etwa: Stille führt zur Erleuchtung. Stille erreicht der Mensch durch meditatives Atmen. Stille bedeutet dabei nicht unbedingt ruhiges Sitzen, sondern eine Stille, die aus unserem Innen hervortritt und die jede Handlung unseres Lebens, auch die scheinbar unbedeutendste, gebiert und speist. Dem liegt eine Praxis höchst realer, nicht gedanklicher Art zugrunde: Durch Läuterung des Ching wird der Atem umgewandelt, durch Läuterung des Atems wird Shen umgewandelt.[8] Ching ist materiell gesehen Sperma, das dem Körper Vitalität verleiht, meint aber andererseits auch kosmische Kraft, die der Mensch durch seine Atemtätigkeit in sich aufnimmt, benutzt und wieder abgibt. Auch Shen ist unter zwei Gesichtspunkten zu betrachten: einmal bezeichnet es im Hinblick auf Gedanken, Wahrnehmungen, Gefühle und so weiter das sogenannte «Jedermannsbewußtsein», zum anderen aber auch jenes ursprüngliche spirituelle Bewußtsein, das bereits vor unserer Geburt existiert, nach der Geburt aber verdeckt wird, jedoch mittels Meditation im oben genannten Sinne wieder freigelegt werden kann.

Ch'i (jap. *ki*), der Atem und das Atmen, steht in engster Verbindung mit Mikro- und Makrokosmos. Wenn Ch'i im Weltall kondensiert, entsteht nach taoistischer Vorstellung ein Ungeteiltes, das Eine. Wird es geteilt, entstehen Yin und Yang, das weltbestimmende Gegensatzpaar. Meditatives Atmen harmonisiert Yin und Yang, und der Mensch, der ja als Mikrokosmos den Makrokosmos bereits in sich trägt, kann sein Selbst, sein ursprüngliches Bewußtsein, das Shen, freilegen und vor allen hindernden äußerlichen Einflüssen bewahren: Er gelangt zu völlig natürlicher Integration in den Makrokosmos.

Das taoistische System ist ganz und gar auf die praktische Seite der Selbstverwirklichung ausgerichtet; rein intellektuelles Bemühen gibt es nicht, ganz im Gegensatz zu den westlichen philosophischen Richtungen. Im Zen tritt diese praktische Komponente noch stärker hervor als im Taoismus. Diese Tatsache ist es, die das Zen einen so fundamentalen Einfluß auf die japanische Kultur gewinnen ließ, wie wir später sehen werden. Den Zusammenhang von Stille und Erleuchtung stellt Lao-tzu wie folgt dar:

> Wer der Entäußerung Gipfel erreicht hat,
> bewahrt unerschütterliche Ruhe.
> Alle Wesen miteinander treten hervor,
> und ich sehe sie wieder zurückgehen.
> Wenn die Wesen sich entwickelt haben,
> kehrt jedes zurück in seinen Ursprung.
> Zurückgekehrt in den Ursprung,

heißt: Ruhe.
Ruhe heißt: Zurückkehren zur Bestimmung.
Zurückkehren zur Bestimmung, heißt:
Ewig-sein.
Das Ewige erkennen heißt: Erleuchtet-sein.[9]

Die schon lange vor Lao-tzu bekannten und angewandten meditativen Atemübungen empfiehlt auch er als Mittel zur Erlangung des Tao:

> Wer dem Geist die Seele eingibt
> und Einheit umfängt,
> Kann ungeteilt sein.
> Reguliert er den Lebensodem
> bis zur Nachgiebigkeit,
> kann er wie ein Kindlein sein.[10]

Mit Victor von Strauß können wir hier «Seele» mit dem Yin und «Geist» mit dem Yang gleichsetzen. Wer seinen «Lebensodem», den Atem oder die kosmische Energie, reguliert und konzentriert, kann den Ausgleich zwischen Seele und Geist, die Harmonisierung von Yin und Yang erreichen. Er kann werden wie ein Kindlein, das heißt, in seinen Ursprung zurückkehren. De Groot sieht sogar im 6. Kapitel des dem Lao-tzu zugeschriebenen *Tao-te-ching* direkte Hinweise auf die grundlegende Rolle meditativen Atmens:

> Was die Seele [Shen] so nährt, daß man nicht stirbt, das ist das Schwarze [das Himmlische, also das Yang] und das Weibliche

[das Yin]. Die Pforte für das Schwarze und das Weibliche [die Nase], das ist die Wurzel des Himmlischen und des Irdischen [im Menschen]. In langen, langen Zügen [soll man atmen], als ob man den Atem bewahren wolle, und beim Gebrauch des Atems soll man sich nicht bewegen.[11]

Dieses Kapitel ist besonders dunkel und hat dementsprechend zu verschiedenartigsten Interpretationen herausgefordert, von denen die meisten möglich sind. John Blofeld und andere beziehen dieses Kapitel auf die meditativen taoistischen Sexualpraktiken, was durchaus berechtigt scheint, und von Strauß selbst weist ausdrücklich auf die Schlüssigkeit der Interpretation de Groots hin.[12] Chuang-tzu (2. Hälfte d. 4. Jh. v. Chr., auch Dschuang-tse, Tschuang-tse, Dschuang Dsi), der bedeutendste Schüler des Laotzu, spricht im 6. und 15. Buch seines Werkes *Das wahre Buch vom südlichen Blütenland* einige technische Aspekte des Atmens an:

Die wahren Menschen des Altertums hatten während des Schlafens keine Träume und beim Erwachen keine Angst. Ihre Speise war einfach, ihr Atem tief. Die wahren Menschen holen ihren Atem von ganz unten herauf, während die gewöhnlichen Menschen nur mit der Kehle atmen. Krampfhaft und mühsam stoßen sie ihre Worte heraus, als erbrächen sie sich.[13]

Dieses «von ganz unten her» atmen (wörtlich: «von den Fersen her») weist auf die Technik der Bauchatmung hin, die für alle Zen-Künste und Zen-Sportarten unerläßliche Voraussetzung ist.

Schnauben und den Mund aufsperren, ausatmen und einatmen, die
alte Luft ausstoßen und die neue einziehen, sich recken wie ein Bär
und strecken wie ein Vogel: das ist die Kunst, das Leben zu
verlängern. So lieben es die Weisen, die Atemübungen treiben und
ihren Körper pflegen, um alt zu werden wie der Vater Pong.[14]

Vater Pong ist sprichwörtlich für hohes Alter, er soll über achthun-
dert Jahre alt geworden sein. In diesem Abschnitt warnt Chuang-tzu
zwar vor übertriebenen Übungen, die mit Gewalt die Erleuchtung
herbeizwingen wollen, aber für uns aufschlußreich an dieser Stelle ist
besonders die beschriebene Körperhaltung beim Aus- und Einatmen: «Sich recken wie ein Bär und sich strecken wie ein Vogel» trifft
genau die körperliche Haltung und die geistige Einstellung kurz vor
dem Lösen des Schusses beim Kyūdō.

Ohne korrekte Körperhaltung ist korrektes, natürliches Atmen
unmöglich. Ohne korrektes Atmen wiederum wird jede Meditation
unmöglich und oft zu körperlicher und geistiger Qual: Der Atem
beziehungsweise die durch das Atmen aufgenommene kosmische
Energie können nicht frei und ungehindert durch den Körper fließen
und geleitet werden. Daher kommt es zu körperlichen und geistigen
Verkrampfungen. Da jeder Mensch auch den Gesetzen der Gravita-
tion unterliegt, muß er seinen Körper im Gravitationsfeld, entsprechend der Tätigkeit, die er gerade ausübt, in eine mit der Schwerkraft
harmonierende Haltung bringen. Für die taoistische Meditation und
das Zazen des Zen-Buddhismus gilt, daß Nase und Nabel im
Meditationssitz auf einer Linie liegen müssen, die absolut senkrecht
zum Boden steht, wobei natürlich Rückgrat und Hals ebenfalls auf
einer Senkrechten liegen.

Diese Grundhaltung wird beim Bogenschießen in allen Bewegungsabläufen vom Beginn bis zum Lösen des Schusses prinzipiell beibehalten, wie wir in den Kapiteln zur Praxis des Trainings genauer untersuchen werden, mit der scheinbaren Ausnahme, daß vom Ende der Stufe Yugamae bis zum Hanare, dem Lösen des Pfeils, der Kopf nach links in Zielrichtung gewendet wird. «Scheinbar» deshalb, weil, ungeachtet dieser Drehung, Hals und Kopf weiterhin vollkommen senkrecht auf dem Rumpf ruhen müssen und die Nase auf einer Senkrechten parallel zu Nabel, Hals und Rückgrat liegt. Chuang-tzus «sich recken wie ein Bär» entspricht im Kyūdō der Vorstellung, daß man kurz vor dem Abschuß das Gefühl haben muß, als würde man mit dem Kopf in den Himmel stoßen und gleichzeitig mit den Beinen tief in der Erde verwurzelt sein, während Arme, Brust und Schultern sich waagerecht zum Boden «strecken wie ein Vogel», die linke Seite auf das Ziel hin und die rechte in die entgegengesetzte Richtung.

Beim Kyūdō atmet der gesamte Körper, das heißt, die durch Atmen gewonnene Energie wird in sämtliche Körperteile geleitet, auch in solche, die zum Beispiel beim Zazen, der Meditation in der Sitzhaltung, kaum beansprucht werden, insbesondere die Beine. Chuang-tzus Hinweis, man müsse «von den Fersen her atmen», findet keine Entsprechung im Zazen. Ansonsten gilt alles, was in diesem Kapitel über taoistisches Atmen gesagt wird, prinzipiell auch für das Atmen in der Zen-Meditation. Der Zen-Buddhismus geht ja, wie wir bereits sahen, sowohl in seinen theoretischen Gedanken als auch in seinen Meditationspraktiken historisch und inhaltlich im wesentlichen auf den Taoismus zurück. Eines seiner großen Verdienste liegt darin, in sich den Taoismus, auf dessen fruchtbarem Boden er gewachsen ist und Früchte getragen hat und noch trägt, lebendig und wirksam erhalten zu haben. Da Japan neben dem Zen-Buddhismus und Buddhismus, und damit auch altchinesischen und taoistischen Elementen, vor allem auch die grundlegenden Prinzipien und Gedanken der Gesellschaftslehre und Ethik des Konfuzianismus übernommen hat, sind die taoistischen Einflüsse nicht immer auf den ersten Blick erkennbar – auch für Japaner nicht, die im Normalfall ohnehin alles, was mit taoistischen Wurzeln zu tun haben könnte, unter das Zen subsumieren.

Beim wirklichen Kyūdō beginnen die meditativen Atemübungen als Mittel geistiger und körperlicher Entspannung und Konzentration bereits vor dem wirklichen Schießen, ja, eigentlich wird gefordert, daß diese meditative Grundhaltung Tag und Nacht, unabhängig von der jeweils ausgeübten Tätigkeit, jedes Tun oder Nichttun, jeden Gedanken, jede Lebensäußerung durchdringt. Blieben Kyūdō oder Zen-Praxis lediglich auf die Übungshalle beschränkt, wäre das Ziel der Übungen verfehlt.

Die Meditationsübungen sollen helfen, das Stadium jener inneren und äußeren Stille zu erreichen, das den oben skizzierten Umwandlungsprozeß ermöglicht. Geatmet wird beim Kyūdō, wie bei allen anderen Budō-Sportarten und Zen-Künsten auch, grundsätzlich mit dem Bauch beziehungsweise dem Zwerchfell. Brustatmung ist im Grunde unnatürlich, auch wenn sie vielen Menschen bereits «zur Natur» geworden ist. Sie ist anstrengend für die beteiligten Organe und führt schnell zu Ermüdungserscheinungen und Verkrampfungen. Sie verhindert im Grunde jede körperliche und geistige Entspannung, und die so wichtige bewußte, fühlbare Berührung mit den uns umgebenden Energien wird blockiert. Beim richtigen

Atmen geht es um nichts weiter als um bewußtes Erfassen, Ansammeln und Kontrollieren beziehungsweise Leiten der kosmischen Vitalenergie im Körper.

Das Zwerchfell hat in unserem Körper eine zentrale Lage, und ihm kommt aus diesem Grund die Schlüsselstellung beim Atemvorgang zu. Dieses Organ gliedert den Körper in zwei Hauptsektionen, in eine obere, die im wesentlichen Herz und Lungen, und in eine untere Hälfte, die unsere Eingeweide enthält. Der gesamte obere Teil des Körpers ruht auf dem Zwerchfell, das dementsprechend beide Teile verbindet. Beim Einatmen übt es einen leichten Druck nach unten aus, wobei der Unterbauch sich nach außen wölbt. Das Zwerchfell senkt sich nach unten, während der gesamte Bauch sich dehnt und sich dabei automatisch auch der Brustkorb leicht dehnt, Luft aufnimmt und den Kreislauf des Blutes in Gang hält. Je mehr Luft wir aufnehmen, desto mehr Blut wird Lungen und Herz zugeführt. Beim Ausatmen dehnt sich das Zwerchfell wieder leicht nach oben, und der Unterbauch wird wieder ein wenig eingezogen. Der Druck des Zwerchfells nach oben preßt die verbrauchte Luft hinaus, die inzwischen das nach oben angesaugte Blut gereinigt hat.

Eine weitere beim Kyūdō und Zazen häufig angewandte Methode zu atmen beginnt mit dem Ausatmen, wobei durch einen festen, aber nicht unnatürlich anstrengenden Druck auf den Unterbauch das Zwerchfell die vitale Feinenergie im Körper verteilt und die verbrauchte Luft absaugt und entläßt. Die so entstandene Spannung im Unterbauch behält man durch Atemverhalten so lange bei, wie man sie beruhigend, stabilisierend und stärkend auf Geist und Körper wirken fühlt und sie kein Gefühl unnatürlicher, krampfhaf-

ter Anspannung hervorruft. Das Auflösen dieser Spannung ist
identisch mit dem Einatmen, denn das Zwerchfell drückt dabei
automatisch ohne Beteiligung unseres Willens leicht nach oben in
Richtung Nabel und saugt auf diese Weise völlig selbständig neue
Luft ein. Sind Bauch und Lungen gefüllt, hält man wieder kurz
inne, bevor man erneut ausatmet.

Beim Kyūdō benutzen nach längerem Training erfahrungsgemäß
mehr Übende die zweite Methode, da die Kraftentwicklung durch
die natürliche Spannung des Unterbauches während der Ausatmung
als stabilisierender und kräftigender empfunden wird, und sich durch
das automatische Einatmen durch das Zwerchfell Ober- und Unterkörper leichter fest und ungezwungen im Gleichgewicht halten
lassen. Aufgrund seiner Mittellage im Körper und seiner Funktion
bei der Atmung und Blutzirkulation hat man das Zwerchfell oft als
unser «zweites Herz» bezeichnet. Es ist das Organ, das unser Atmen,
den Sauerstoffaustausch und die Blutzirkulation initiiert. Es ist
ununterbrochen in Aktion und kann nur leicht entspannt werden,
wenn wir nach dem Ausatmen und nach dem Einatmen den Atem
verhalten: daher die wohltuende Energie und Ruhe, die wir bei dieser
Atemverhaltung, vom Unterbauch ausstrahlend, unseren gesamten
Körper durchströmen und unseren Geist beruhigen fühlen.

Körperlich-geistige Konzentration hat hier ihren Ausgangspunkt, und der Bogenschütze nutzt diese Tatsache, um seinen Geist
von allen störenden Einflüssen, die in ihm selbst ihre Ursache haben
oder aber auch von außen herrühren, zu reinigen und dabei seinen
Körper in Übereinstimmung mit der Gelöstheit des Geistes zu
bringen. Für den Körper speziell heißt das in erster Linie, Muskeln
und Knochen nicht als getrennte Einzelbestandteile, sondern wirk-

lich als feste Einheit zu fühlen. Darüber hinaus muß der Atem seinen eigenen Rhythmus finden, was schon nach wenigen Tagen ohne weiteres möglich ist. Hat der Schütze in sich diesen Zustand der Ruhe erzeugt, auf dessen Grundlage er in der Stille seines Herzens das Tao in, um, über und unter sich spüren und vernehmen kann, und nimmt er dann seinen Bogen zur Hand, dann muß und wird er von nun an alle Handgriffe und Bewegungen aus dieser geistigen Grundhaltung heraus ausführen, natürlich und ohne überspannte Beteiligung seines Willens, absichtslos, aber korrekt.

Der Zustand der Ruhe und Konzentration in ihm dauert unverändert fort. Er schießt, ohne schießen zu wollen, schießt, weil das die Tätigkeit ist, die er eben gerade ausübt – er könnte aus demselben Geist heraus auch etwas anderes tun. Und er trifft, nicht weil er treffen wollte, sondern weil es in eben diesem Moment seine Aufgabe war, den Schießvorgang zu seinem natürlichen Abschluß zu bringen. Um diese hohe Stufe der Absichtslosigkeit zu erreichen, sind allerdings eiserne Selbstdisziplin und jahrelange harte Arbeit an sich selbst und mit dem Bogen unabdingbar. Natürliche, nicht krampfhaft gewollte Selbstbeherrschung sowie traumwandlerisch anmutende, sichere Beherrschung der Technik des Schießens stehen und fallen mit der Qualität des Atmens.

Der Taoismus kennt, wie der Tantrismus und das indische Yoga auch, verschiedene Bahnen, die unwillkürliche und die kontrollierte, die aufsteigende und die absteigende, auf denen der Atem durch den menschlichen Körper zirkuliert. An diesen Bahnen liegen sogenannte psychische Energiezentren, in denen psychische beziehungsweise kosmische Energie konzentriert ist.[15] Durch meditatives Atmen wird das Strömen des Atems durch den Körper fühlbar und kontrollierbar, das feinstoffliche Element des *Ch'i* kann je nach Bedarf bewußt in jedes der psychischen Energiezentren und jeden beliebigen Körperteil geleitet werden. Bereits nach einigen Wochen kontinuierlichen Übens, das allerdings nicht nur auf das Training mit dem Bogen selbst beschränkt sein darf, kann der Übende dieses Stadium erreichen und das Zirkulieren seines Atems als eine Art Hitzestrom spüren. Er kann sich auf jedes beliebige psychische Zentrum konzentrieren, seinen Atem dorthin leiten, dort psychische Feinenergie speichern und von dort weiterleiten.

Das oberste dieser Zentren, die im Yoga und Tantrismus Chakra genannt werden, liegt hinter der Stirn, genau zwischen den Augenbrauen, dort, wo indische Frauen ihr Kastenzeichen anbringen. Das unterste dieser Chakras befindet sich an der unteren Spitze der Wirbelsäule. Für das Japanische Bogenschießen ist das Zentrum, welches sich etwa drei Zentimeter unterhalb des Bauchnabels befindet, von ausschlaggebender Wichtigkeit. Der Taoismus nennt dieses Zentrum Ch'i-hai, das Meer des Atems. Das japanische Zen bezeichnet es ebenfalls mit Meer des Atems, Ki-kai, benutzt aber heute weitaus häufiger den populäreren Ausdruck Tanden, dessen Schriftzeichen sich aus den Einzelzeichen für «rot» und «Reisfeld» zusammensetzt. Das Zeichen für Rot soll zurückgehen auf das zinnoberrote Lebenselixier der spättaoistischen Alchemie, das sich nach Ansicht der taoistischen Alchemisten durch verschiedene Übungen im menschlichen Körper destillieren läßt und das Unsterblichkeit verleiht. Folgt man dieser Interpretation, so wäre das Tanden der Punkt, an dem das Vermögen der Unsterblichkeit im menschlichen Körper ruht. Das Zeichen für Reisfeld läßt sich in diesem Zusammenhang leicht als ein «lebensspendendes Feld» deuten. Japanische Lexika sagen noch heute, daß Gesundheit und Mut das Ergebnis seien, wenn man Energie in das Tanden leite. Aus dem Kyūdō und den anderen Kampfkünsten ist der Ausdruck Tanden jedenfalls nicht mehr wegzudenken.

Im Tanden ist nicht nur das Impulszentrum aller Körpermuskeln lokalisiert, es steht, wie bereits angedeutet, vor allem in engster Verbindung mit der Entwicklung geistig-körperlicher Feinenergie. Wenn wir unsere Aufmerksamkeit auf das Tanden lenken, werden wir sofort feststellen, daß schon die geringste Bewegung (zum Beispiel der Beine, eines Armes, des Kopfes etc.) automatisch vom Tanden her geschieht. Die Muskeln des Unterbauchs, wo das Tanden lokalisiert ist, reagieren nicht nur auf die Bewegungen der einzelnen Körperteile, diese Bewegungen haben vielmehr hier ihre Wurzel. Wir können weder husten noch sprechen, noch atmen, ohne die Tanden-Muskeln anzuspannen. Wird das Tanden durch anfangs kontrollierte, später natürlich-automatische Bauchatmung gestärkt, gewinnen alle anderen Körperbewegungen gleichermaßen eine höhere Qualität bezüglich ihrer Intensität und Präzision. Willkürliche wie unwillkürliche Bewegungen, die, durch Bauchatmung gelenkt, fest in ihrer Tanden-Wurzel ruhen, haben für Menschen, denen diese Atemtechnik unbekannt ist, oft eine eigenartig faszinierende Ausstrahlung.

Noch größere Bedeutung erhält dieser Punkt im Hinblick auf die Entwicklung geistig-körperlicher (psychischer) Feinenergie und bei der Kontrolle der eigenen Gedanken. Diese Stelle im Unterbauch bildet nämlich mit dem Gehirn als dem anderen wichtigen Bestandteil eine Art Schwingkreis, durch den unsere geistig-körperliche Feinenergie unseren Körper und sein Nervensystem durchströmt. Wenn wir unseren Atem verhalten, sowohl nach dem Ausatmen als auch nach dem Einatmen, wird sich unvermeidlich sofort im Tanden eine Spannung entwickeln, die ihrerseits sofort unsere Aufmerksamkeit auf sich zieht. Mit unserem inneren Auge «blicken» wir in das Tanden, wodurch unser Geist und Denken sich in gewisser Weise «materialisieren», «sichtbar» werden. Atem und Denken sind ineinander verschmolzen. Jeder Mensch kann zu jeder Gelegenheit, in jeder Situation diese so einfache Übung des Atemverhaltens vornehmen und sich so neue Spannkraft für die Aufgaben und Anforderungen des Alltags schaffen.

Natürlich steht außer Frage, daß das Gehirn der Teil unseres Körpers ist, dem die Aufgabe des Denkens und Planens zukommt, und daß er die Stellung einer Art «Befehlszentrale» einnimmt. An erster Stelle jedoch ist es der Unterbauchmuskel des Tanden, der gemeinsam mit dem Zwerchfell die vom Gehirn gegebenen Impulse realisiert. Würden diese beiden Muskeln nicht arbeiten, könnte kein vom Gehirn gegebener Plan realisiert werden. Arbeiten diese Atmungsmuskeln jedoch, wird geistig-körperliche Feinenergie produziert und in Aktion gesetzt. Das Ergebnis dieser Aktivität wird dem Gehirn «gemeldet», das dann neue Befehle erteilt: Ein zyklischer Prozeß ist in Gang gesetzt. Geistige Aktivität geschieht durch die Oszillation zwischen Gehirn und den Unterbauchmuskeln, die am Atmungsvorgang beteiligt sind. Sogar der Ausdruck von Emotionen findet auf diese Weise statt: Lachen, Angst, Sorge können sich nicht artikulieren, solange wir nicht die entsprechenden Muskeln des Abdomens betätigen. Jeder dieser Muskeln ist am Atmungsvorgang beteiligt. Ebenso ist die Kontrolle unserer Gedan-

ken und Gefühle nur möglich, wenn wir die Atmungsmuskeln des
Unterbauchs mittels kontrollierter Bauch- beziehungsweise
Zwerchfellatmung in einen entsprechenden Spannungszustand ver-
setzen. Kontrolliertes Atmen erzeugt geistige Kraft, und Aufmerksamkeit, die nichts anderes als geistige Kraft ist, kann niemals ohne
Spannung der Unterbauchmuskeln realisiert werden. Das Tanden
selbst übt keine bewußten Funktionen aus, aber wenn wir es als den
einen Pol jenes Schwingkreises unserer geistig-körperlichen Feinenergie aktivieren, statten wir es in gewisser Weise selbst mit
geistiger Kraft aus.[16]

Die Grundkonzentration des Bogenschützen muß auf diesen
Punkt gerichtet sein. Hier haben jeder Schritt, jede Bewegung, jeder
Handgriff und jedes Bewußtsein bis zum Lösen des Pfeils ihren
Ursprung und Mittelpunkt. Das gilt beim Kyūdō nicht nur für den
Akt des Schießens selbst, sondern für jede Bewegung des Schützen
in jeder Situation seines täglichen Lebens. Jede Aktion, jedes Tun
und Lassen, ist vom Tanden her geboren. Daher muß das Atmen
zwangsläufig vom Tanden her geschehen. Diesen Sachverhalt körperlich fühlbar und für unser tägliches Leben praktisch nutzbar
gemacht zu haben, ist nur eines der Verdienste von Taoismus, Zen
und Kyūdō. Wenn wir ihre Praktiken ernsthaft üben, heben wir
unser allgemeines Wohlbefinden, steigern unsere Spannkraft und
intensivieren die Kräfte unseres Geistes. Taoismus und Zen-Buddhismus sprechen vom Hara (Bauch) als dem Sitz und Zentrum
unseres Denkens: «Mit dem Bauch denken», nannten es die alten
chinesischen Weisen, und so nennen es heute noch die Meister des
Zen, während der Kyūdō-Meister seinem Schüler empfiehlt, «mit
dem Bauch zu schießen». Das Hara ist Sitz und Zentrum aller

Geisteskräfte, im Tanden sind sie konzentriert. Tanden-Atmen ist letztlich «Geistesatmen».

Den Ch'i-hai- oder Tanden-Punkt im Hara genau zu lokalisieren, ist für jeden, der sich der taoistischen Meditation widmen oder den Bogen-Weg beschreiten will, die erste und grundlegende Übung. Dieser Punkt liegt etwa drei Zentimeter unterhalb des Bauchnabels und ist somit ohne Schwierigkeit aufzufinden. Es kommt jedoch darauf an, ihn körperlich fühlbar konkret zu *erfahren*. Von den verschiedenen Techniken, die dazu verhelfen, gilt die folgende als eine der mühelosesten; außerdem ist sie unfehlbar und völlig natürlich.

Bei aufrechter Körperhaltung, das Rückgrat muß absolut senkrecht stehen, atmet man die im oberen Teil der Lungen enthaltene Luft aus, indem man das Zwerchfell etwas spannt, so daß es leicht nach oben drückt. Hält man nun kurz inne, fühlt man sofort eine angenehme Leere in der Brust. Alte Kyūdō-Texte sprechen von einer Form des «Nichts», die Brust wird so etwas wie ein leerer Raum. Hat man auf diese Weise ohne besondere Anstrengung ausgeatmet, wird ein wenig Luft in den Lungen verbleiben, und mit diesem Rest versucht man nun kurz und leise zu – lachen. Das mag sich eigenartig anhören, aber wenn der Leser es selbst einmal versucht, wird er feststellen, daß sich sofort ein bestimmter Punkt des Unterbauches leicht spannt und sich dort eine wohltuende Wärme beziehungsweise Energie entwickelt: das Meer des Atems oder das Tanden ist lokalisiert, und man kann sich nun beim weiteren Atmen darauf konzentrieren.

Eine andere, ebenso einfache Methode ist folgende: Man atmet mit dem Zwerchfell ruhig aus und erzeugt dabei eine angenehme, stabilisierende Spannung im Unterleib. Etwa zwanzig Prozent der Luft sollen in den Lungen verbleiben. Nun versucht man, etwas Speichel hinunterzuschlucken, und spürt, daß sich automatisch die Muskeln des Unterbauches spannen, um den Vorgang des Schluk- kens stattfinden zu lassen. Das Zentrum dieser leichten Spannung ist wiederum das Tanden. Man kann beide Methoden nacheinander anwenden um festzustellen, ob man beim ersten und zweiten Mal auch wirklich den gleichen Punkt getroffen hat.

Während man sich nun auf den lokalisierten Mittelpunkt von Körper und Geist konzentriert, atmet man ruhig, aber tief mit Hilfe des Zwerchfells ein und verhält den Atem kurz, sobald Bauch und Lungen gefüllt sind. Dabei braucht man nicht auf die Lungen zu achten, da sie automatisch genug Luft und Sauerstoff erhalten haben, sobald der Bauch gefüllt ist. Das kurze Innehalten bei nicht unterbrochener Konzentration verstärkt die Ansammlung von kos- mischer Feinenergie im Tanden. Während des anschließenden Ausatmens kann die spürbar gewonnene Vitalenergie in die dem jeweiligen Schritt des Schießvorgangs oder der gerade ausgeübten anderweitigen Tätigkeit entsprechend besonders zu versorgenden Körperteile geleitet werden, indem man sein inneres Auge auf diesen Teil richtet. Das Ausatmen, ebenfalls mit Hilfe des Zwerch- fells, das dabei leicht nach oben drückt oder nach unten, je nach- dem, für welche der beiden oben genannten Atemtechniken man sich entschieden hat, soll etwa doppelt so lange dauern wie das Einatmen. Ist die Luft entlassen, hält man wieder kurz inne und empfindet dabei, wie vom Tanden ausgehend eine herrlich erfri- schende und wohltuende Ruhe Körper und Geist durchfließt und dabei angenehm erwärmt. Der gesamte Atemvorgang muß in

absolut gleichmäßigem, natürlichem Fließen ohne jegliche Verkrampfung, ohne äußerliches Wollen, ohne übertriebene Anstrengung, aber kraftvoll unter tiefer geistig-körperlicher Sammlung
vonstatten gehen. Nach einiger Übung wird sich diese Konzentration von selbst einstellen und braucht nicht mehr initiiert zu
werden. Atmen, so sagt Lao-tzu, soll man weich wie ein Kind, aber
ohne Schwachheit.

Hat man bis zum Lösen des Pfeils richtig geatmet, wird das
ruckartige Zurückschnellen der rechten Hand, die dadurch Pfeil
und Bogensehne freigibt, auf natürliche Weise durch die in diesem
Moment im Tanden konzentrierte Vitalenergie abgefangen, so daß
die feste und ruhige Körperhaltung durch keinerlei plötzliche
Erschütterung beeinträchtigt wird: Die Konzentration bleibt erhalten, der Atem wird in harmonischem Gleiten entlassen, der Kern
des Kyūdō, nämlich die Einheit von Körper, Geist und Bogen, ist
erreicht. Daß ein so gelöster Schuß sein Ziel trifft, ist selbstverständlich, vorausgesetzt, die Technik des Schützen war fehlerfrei.

Noch einmal zurück zum Tanden. Dicht über dieser Stelle
befindet sich der Nabel. Mein alter Kyūdō-Meister bezeichnete ihn
in alter Tradition als den «Sitz Gottes», was nach taoistischer und
zen-buddhistischer Anschauung natürlich das «Nichts», die Leere
(jap. *Ku*) bedeutet. Ähnlich dem Mittelpunkt eines Kreises ist der
Nabel eine Art Mittelpunkt des Körpers. Wenn nun die Geisteskräfte des Menschen diesen Mittelpunkt durch Konzentration und
Meditation erfahrbar werden lassen, verwandelt sich dieser Kern in
eine Art Schwerpunkt. Die konkrete Ansammlung aller geistigen
und körperlichen Kräfte, ihre Materialisierung, geschieht aber
örtlich betrachtet kurz unter dem Nabel, also im Tanden. Hier

verwirklicht, materialisiert sich die Leere auf höchst aktive Weise. Das Tanden ist demnach der Kern des individuellen menschlichen Wesens, der Sitz des wirklichen Seins jedes Menschen. Die Zwerchfellatmung gewährleistet, daß die geistig-körperliche oder kosmische Vitalenergie beim Einatmen nicht durch den Nabel hinauf einseitig in den Oberkörper fließt. Dadurch würden Ober- und Unterkörper getrennt, was jeden Versuch, Körper und Geist in ein harmonisches Verhältnis zu bringen, sofort zum Scheitern verurteilen würde. Die Energie wird vielmehr mit dem Tanden als Zentrum gleichmäßig nach oben und unten verteilt, und so bewahren untere und obere Körpersektion ihre natürliche Einheit.

Die oft bei Anfängern zu beobachtende hilflose, krampfhafte Kraftanstrengung beim Spannen des Bogens, die an einen erbarmungswürdig auf dem Trockenen zappelnden Fisch erinnert, hat in den meisten Fällen ihre Ursache im Verlust des Tanden-Mittelpunktes: Ober- und Unterkörper sind voneinander getrennt durch unzweckmäßiges Atmen. Anfänger versuchen den Bogen oft während eines kräftigen Einatmens zu spannen, was aber nicht gelingen kann, da sich die psychische Vitalenergie hauptsächlich während des langsamen Ausatmens und beim Atemverhalten entwickelt. Da der Kyūdō-Bogen keinerlei technische Hilfsmittel wie etwa der Archery-Bogen besitzt, ist kein Ausgleichen des Mangels durch rein technische äußere Korrekturen möglich. Bei allen eigentlich anstrengenden Bewegungen wird im Kyūdō nicht eingeatmet, sondern ruhig ausgeatmet oder der Atem im Meer des Atems verhalten, damit sich dort verstärkt Energie und natürliche Spannung entwickeln und ansammeln, die dann entlang den entsprechenden Bahnen in die Körperteile geleitet werden, die gerade in besonderem Maße

Energie benötigen. Da das Tanden immer der Schwerpunkt von
Geist und Körper und der Mittelpunkt des Atems bleibt, wird der
Schuß nur äußerlich durch die rechte Hand, die die gespannte
Bogensehne hält, gelöst. Das eigentliche Lösen geschieht vom
Tanden aus. Der unbewußte Impuls, der das Lösen bewirkt, hat
hier seinen Ursprung, nicht etwa im Gehirn und schon gar nicht in
Arm oder Hand, die lediglich ausführende Organe sind.

   Während aller Bewegungsabläufe bleibt der Atem ruhig, tief und
gleichmäßig, eins mit dem Rhythmus, der das All durchströmt,
vergleichbar einem sanft, aber stetig über eine Sandfläche dahinwe-
henden Windhauch, der auch nicht das winzigste Sandkörnchen
aufwirbelt. Ein solcher Atem ist wie der eines eben geborenen
Kindes, tief und unbewußt, niemals lahm und stockend, sondern
voller Lebenswillen. Er steigt und sinkt ungebrochen wie eine
Quecksilbersäule, die sich über ihre Basis erhebt und doch immer
fest auf ihrem Kern ruht. Ein Schuß, aus diesem Geist und mit
diesem Atem gelöst, veranschaulicht eindrucksvoll den alten Kyū-
dō-Grundsatz «Bewegung in der Ruhe». Grundlage dieser geistigen
Haltung ist das Einswerden des Geistes mit dem Körper und beider
aktive Integration in die Kräfte des Kosmos, erreicht durch Vergei-
stigung des Atems auf dem Wege des Bogenschießens als einer Form
von Meditation. Das Bewußtsein muß sich auf den Atemvorgang
konzentrieren, sich ruhig in ihn versenken. Dabei wird nach einiger
Übung jedes gewollte Suchen nach dem richtigen Atmen überflüssig,
denn die konzentrierte und vergeistigte Energie im Verein mit voller
gesammelter Wachheit und äußerster natürlicher Konzentration
bewirkt, daß die jeweiligen Bewegungen und Handgriffe zwangsläufig und automatisch die entsprechende Atmung initiieren.

Taoismus und Zen gehen davon aus, daß der Lebensrhythmus des Universums auch die Rhythmen unseres Körpers und Geistes durchdringt. Durch den Rhythmus unseres Atems können wir in Harmonie mit den kosmischen Rhythmen gelangen. Dabei ist die Tatsache, daß wir unseren Atemrhythmus kontrollieren und lenken können, ein wahres Geschenk des Himmels: Wir selbst sind Herr über den Prozeß unserer Integration und Selbstwerdung, in dieser Hinsicht unabhängig von Gnade oder Ungnade eines Gottes oder irgendwelcher Götter. Vorausgesetzt werden nur Ausdauer, eiserne Selbstdisziplin und unbestechliche Selbstkontrolle.

Beim Einatmen, Atemverhalten, Ausatmen und erneuten Atemverhalten kommt es darauf an, unseren individuellen Rhythmus herauszufinden und dessen Wechselbeziehung mit dem kosmischen Rhythmus zu erkennen, konkret zu erleben und schließlich beide Rhythmen einander anzugleichen und ineinander aufgehen zu lassen. Beim Kyūdō kommt noch hinzu, daß die Handgriffe und Bewegungen bis zum Lösen des Pfeils und Zurücktreten von der Schußposition ebenfalls mit dem individuell-kosmischen Rhythmus in Einklang gebracht werden müssen. Das mutet schwierig an, ergibt sich aber nach ausreichender Übung auf ganz natürliche Weise von selbst: Wer richtig atmet und die entscheidende Wiederverschmelzung jener Pole erreicht hat, die ursprünglich eine Einheit bilden und nur durch unseren Ich-Wahn und unsere Ichbezogenheit auseinandergerissen wurden, wird gar nicht anders können, als alle von der Schießtechnik geforderten Bewegungen perfekt auszuführen. Er wird diese Bewegungen in die «Große Harmonie», den «Großen Atem» integrieren. Hat sich der Schütze die richtige Schießtechnik durch ausdauernde Übung angeeignet, atmet er

richtig und läßt er Atem und Technik ganz einfach von selbst geschehen – das heißt, so, wie sie sich selbst realisieren und aus seinem
Innen hervortreten wollen –, dann gehen alle Aktionen aus der
«Großen Harmonie», aus dem Tao hervor, und der Bogenschütze
hat das Ziel seiner Kunst erreicht.

Auch hierin liegen Wert und Nutzen des Kyūdō: Durch das
Hantieren mit Bogen und Pfeil wird der jeweilige Entwicklungsstand des Übenden augenblicklich transparent für ihn selbst und
den Beobachter. Als eine Form von Meditation ist das Kyūdō
gleichzeitig auch aktiv handelnde und gestaltende Praxis. Da sich
beide Seiten, die meditative und die handelnd gestaltende, augenblicklich in konkreter Realität bewähren müssen, ist jeder Schuß für
den Schützen eine ungeheure Prüfung: Obwohl er handelt, muß er
im Wu-wei, im Nicht-Tun, verharren und aus diesem Nicht-Tun
heraus aktiv seinen Schuß lösen. Ein solcher Schuß löst im Beobachter oft eine geradezu magische Faszination aus. Sie rührt her von der
gekonnten Technik, richtigen Zwerchfellatmung und vor allem der
absoluten und hellwachen Hingabe des Schützen an sein Innen,
welches den Schuß nahezu selbsttätig gelöst hat, indem es sich den
allgegenwärtig wirkenden Kräften des Alls geöffnet hat.

Der Weg und die Wege

«Kyūdō» setzt sich zusammen aus dem sino-japanischen Ausdruck für Bogen *(kyū)*, der im Japanischen heute Yumi genannt und im Altertum mit Tarashi (von *toru*, in die Hand nehmen) bezeichnet wurde, und dem Zeichen für *dō* (sino-japanisch), das im Chinesischen *tao* und im Japanischen *michi* gelesen wird und in etwa «Weg» oder «Bahn» bedeutet.

Im Japanischen findet man Zusammensetzungen mit *dō* (auch *tō* ausgesprochen) recht häufig, so zum Beispiel Kendō (Schwertweg), Jūdō (der «Weichheitsweg»), Kadō (Blumenweg), Chadō oder Sadō (Teeweg), Shōdō (der Weg des Schreibens), Karate-dō (der Weg der bloßen Hand), Shintō (der Weg der Götter, d. i. der Shintoismus, die urjapanische Religion), Bushidō (der Weg des Kriegers), Dōkyō (Weg-Religion, der Taoismus), Zendō (der Zen-Weg, Zen-Buddhismus) und eben auch Kyūdō, der Bogenweg.

Tao, dō (tō), michi bedeuten wörtlich Weg, Pfad oder Bahn, aber auch Übertragungen wie das Absolute, das Prinzip, das Gesetz, die Natur haben ihre Berechtigung. Die Herkunft des Wortes *dō* aus *tao* verweist uns nach China, und wir finden die klassische Definition bei Lao-tzu in seinem *Tao-te-ching (Taoteking)*. Dort heißt es bei dem Urvater des Taoismus:

> Tao, kann es ausgesprochen werden,
> ist nicht das ewige Tao.
> Der Name, kann er genannt werden,
> ist nicht der ewige Name.
> Das Namenlose ist des Himmels und der Erde
> Urgrund.
> Das Namen-Habende ist aller Wesen Mutter.[1]

Hier bezeichnet Tao den Ursprung jeglichen Seins und ist der
Weg, auf dem das All sich bewegt. Tao in diesem Sinne meint
darüber hinaus «die ganze planmäßige Anlage und Daseinsäuße-
rung des Universums, sein Leben und Wirken, die Gesamtheit
aller seiner regelmäßig wiederkehrenden Erscheinungen, kurz, die
Natur, den Gang des Alls, die natürliche Weltordnung. Im engeren Sinne bedeutet Tao hauptsächlich den regelmäßig wiederkehrenden Umlauf der Jahreszeiten in seinem ewigen Wechsel von
Werden und Vergehen, Wachstum und Absterben; es deckt sich
demnach mit dem Begriff der schöpferischen und zerstörenden
Zeit.»[2]

Dem Tao oder Weg des Alls entspricht ein Tao oder Weg des
Menschen, und dieser Weg des Menschen muß so vollkommen wie
irgend möglich in Einklang mit dem Weg des Alls stehen. Weicht
daher der Mensch in seinem Handeln und Denken von dem ihm
übergeordneten Weg des Universums ab, gerät er unweigerlich in
Konflikte mit sich selbst und seiner Umwelt. Wie der Mensch sein
eigenes und damit das Tao des Alls erfüllen kann, werden wir später
ausführlich untersuchen. Von dieser Sicht her wird verständlich,
daß der Begriff «Weg» besonders in die verschiedensten Künste und
Wissenschaften Eingang gefunden hat, denn zu den Künsten zählt
zum Beispiel all das, was dazu beiträgt, den Menschen in seiner
Menschwerdung zu fördern und ihn in seinem Streben nach Vollendung seines Selbst voranzubringen.

Obwohl der Begriff Dō in Japan spätestens seit dem *Kojiki*, dem
ersten tradierten Geschichtswerk Japans (abgeschlossen 712 n.
Chr.) und dem *Nihonshoki* (*Nihongi*, 720 n. Chr.) bekannt ist,
dauerte es doch noch geraume Zeit, bis er auch hier in etwa seiner

ursprünglichen Bedeutung entsprechend aufgefaßt wurde und Anwendung fand. Vor der Nara-Zeit (710–784 n. Chr.) bezog sich der Begriff lediglich auf die Ausübung einer handwerklichen oder geistigen Kunstfertigkeit. Nachdem aber seit dem 6. Jahrhundert die Beziehungen und der Austausch mit dem chinesischen Festland und damit die Auseinandersetzung mit den in ihren Wurzeln zum Teil jahrtausendealten chinesischen Geistesrichtungen intensiviert wurden, wandelte sich allmählich auch die japanische Auffassung vom «Weg». Insbesondere der Taoismus, Buddhismus, Konfuzianismus und die uralte Yin-Yang-Lehre trugen dazu bei, daß sich gegen Ende der Nara-Zeit ein Weg-Verständnis herauszubilden begann, das mehr und mehr moralisch-ethisch begründet war und vor allem den Menschen in all seinem Tun und Lassen mit dem All und seinen Kräften Yin-Yang und Ch'i in Beziehung setzt. Der Mensch gilt von nun an als Produkt des Universums und dessen alles wirkenden Kräften. Besonders das *Nihongi* liefert uns zahlreiche Beispiele dafür.

Der Weg, ausgerichtet auf ein mit den Gesetzen des Alls harmonierendes menschliches Handeln, gibt dem Menschen damit Prinzipien für seinen gesamten Lebenswandel vor. In der Heian-Zeit (794–1185) erhielt diese Auffassung und Anwendung des Begriffs Weg im Zuge verstärkter Entwicklung eines Traditionsbewußtseins, deren Träger die mächtigeren Adelsclans waren, eine Art traditionelle Untermauerung. Seit dieser Zeit ist er als fester Bestandteil praktischen und geistigen Handelns bis auf den heutigen Tag aus der japanischen Kultur nicht mehr wegzudenken. Während der Heian-Zeit entwickelte sich eine Vielzahl von Wegen, da man nun alle Studien und Künste zu Wegen erklärte. Deren entscheiden-

de geistige Festigung, Vertiefung und Vervollkommnung fand aber
erst in der Kamakura-Zeit (1192–1333) statt. Zu dieser Zeit trat der
geistige Gehalt des Weges in den Vordergrund, und zwar in
solcher Weise, daß der Weg nun nicht mehr wie bisher nur für
Spezialisten irgendeiner Kunst oder Wissenschaft von Wert war,
sondern ebenso für den außenstehenden Nichtfachmann richtung-
weisende, sein Leben beeinflussende Bedeutung erlangen konnte.
Die Exklusivität des Weges war nun auch in Japan gebrochen; er
öffnete sich breiteren Schichten und konnte sich auf dieser Grundlage zu einer Art Bildungsmittel entwickeln, das den Menschen in
der Gesamtheit seines Denkens, Handelns und Fühlens der Vervollkommnung seines Selbst näherzubringen imstande war. Die
Prinzipien und gestaltenden Kräfte des Alls galten dabei als Richtschnur.

So ist der Begriff «Weg» in Japan zu einer der Grundlagen
praktischen und geistigen Wirkens geworden und hat damit die
einzelnen Disziplinen der Künste, Philosophie, Religion und außerdem mannigfaltige Bereiche des Alltagslebens in konstituieren-
der Weise durchdrungen und geformt.[3] Dies wiederum geht zu
einem erheblichen Teil auf den Einfluß des Zen-Buddhismus zurück, der sich in der Kamakura-Zeit eine breite Basis in Japan
schaffen konnte. Während der Sung-Zeit (960–1279) wurden die
mit dem Ausklang der T'ang-Zeit ins Stocken geratenen Handelsbe-
ziehungen von seiten Japans erneut intensiviert. Die Initiative auf
japanischer Seite ging in dieser Zeit, da die japanische Staatsmacht
weitgehend dezentralisiert war, auf die Feudalherren und die
mächtigen Klöster über. Letztere waren naturgemäß nicht nur an
materiellen Handelswaren interessiert, sondern auch an kulturellen

Gütern, an der chinesischen Literatur, Kunst, Philosophie und Religion. Japan wurde in nie gekanntem Ausmaß mit chinesischem Gedankengut vertraut. Vor allem das Zen, das in China bereits den Höhepunkt seiner Entwicklung überschritten hatte, übte große Anziehungskraft aus. Die Übernahme chinesischer Vorstellungen wurde hauptsächlich getragen von den sogenannten Gozan-Klöstern (jap. *gozan*, «fünf Berge», d. h. hier «Zen-Klöster»). Zu diesen als die bedeutendsten Zen-Klöster eingestuften «fünf Bergen» gehörten in Kyōto die Klöster Tenryūji, Shokokuji, Tōfukuji und Manjūji, in Kamakura Kenchōji, Engakuji, Jufukuji, Jōchiji und Jōmyōji, denen später (im Jahre 1386) das große Kloster Nanzenji in Kyōto übergeordnet wurde.

Die ersten japanischen Zen-Meister hatten im China der Sung-Dynastie ihre entscheidende Schulung erfahren, so zum Beispiel Eisai Zenji (1141–1215) und sein Schüler Dōgen Zenji (1200–1253). Zwar hatte Japan seinen ersten Kontakt mit dem Zen (chin. Ch'an) bereits in der Nara-Zeit (8. Jh.), als japanische buddhistische Mönche nach China reisten, und zu Beginn des 9. Jahrhunderts, als in der damaligen Hauptstadt Heian-kyō (dem heutigen Kyōto) ein chinesischer Zen-Mönch, der in Japan unter dem Namen Giku bekannt ist, die Gedanken des Zen zu verbreiten versuchte. Gikus Bemühungen blieben nicht ganz erfolglos, denn Egaku, ein japanischer Mönch, folgte seinen Spuren und besuchte 858 das chinesische Reich, um mehr über diese Schule des Buddhismus zu erfahren. Nach seiner Rückkehr versuchte auch er, das Zen in Japan Wurzeln fassen zu lassen, doch blieben auch ihm nennenswerte Erfolge versagt.

Man muß sich dabei vor Augen halten, daß China, als es den Zen-

Buddhismus aufnahm, bereits auf eine jahrtausendealte, hochentwickelte Kultur zurückblicken konnte. Japan dagegen war, als es in erste Berührung mit den Zen-Gedanken kam, noch eine vergleichsweise unentwickelte Kultur. Bis ins 8. Jahrhundert hinein war es einfach nicht auf Anhieb aufnahmefähig für so drastisch neue Gedanken wie die des Zen. Zuviel anderes mußte noch verarbeitet werden, denn im 4. Jahrhundert waren bereits konfuzianistische Gedanken und im 6. Jahrhundert der orthodoxe Buddhismus hierher gelangt beziehungsweise importiert worden.[4]

Eisai Zenji gilt heute allgemein als der eigentliche Begründer des Zen in Japan. Er gründete 1202 eines der späteren Gozan-Klöster in Kyōto, das zur Rinzai-(chin. Lin-chi-)Schule gehörende Kenninji. Sein Schüler Dōgen Zenji gründete später das Kloster Eiheiji, das noch heute das Zentrum der Sōtō-(chin. Ts'ao-tung-)Schule des Zen ist. Während das Zen in China im Laufe der Jahrhunderte mit seinem wichtigsten Wegbereiter, dem Taoismus, und auch mit der Reines-Land-Schule des Buddhismus verschmolz und besonders durch die Verbindung mit der letzteren allmählich seine Bedeutung als kulturelle Triebkraft verlor, durchdrang es seit der Kamakura-Zeit das gesamte kulturelle Leben Japans und fand Eingang auch in viele Bereiche des alltäglichen Lebens.

Bereits vor der Ashikaga-Zeit (1333–1573) hatte sich das Zen als die bedeutendste buddhistische Schule in Japan etabliert, was zum größten Teil auf die Inhalte der Zen-Lehre zurückzuführen ist, aber auch auf mehr äußerliche historische Faktoren und einige charakteristische Merkmale des japanischen Wesens, die diese Entwicklung begünstigten. Nach fünfhundert Jahren schickte die japanische Regierung im Jahre 1325 erstmals wieder eine offizielle Gesandtschaft nach China. Im Jahre 1279 hatten die Mongolen die Südliche Sung-Dynastie unterworfen, was viele chinesische Zen-Mönche veranlaßte, nach Japan zu fliehen und dort Zuflucht für sich und ihre Lehre zu suchen. Diese Tatsache trug ganz entscheidend zum Aufblühen des Zen in Japan bei. Wir erwähnten bereits, daß die bedeutendsten japanischen Zen-Meister dieser Zeit ihre entscheidenden Impulse in China erhalten hatten und die kulturellen Beziehungen zwischen diesen beiden Ländern festigen halfen. Nicht zu unterschätzen ist auch das offensichtlich erfolgreiche Bemühen vieler der damaligen Zen-Meister Japans – als hervorragendes Beispiel kann Musō Soseki (auch Musō Kokushi, 1275 bis 1351) gelten –, in den japanischen Regierungskreisen Einfluß zu gewinnen.

Unter den Ashikaga-Shōgunen, die meisten selbst dem Zen oder den von ihm inspirierten Künsten verbunden, beeinflußten Zen-Mönche das japanische Erziehungswesen, da ihnen die Leitung der Tempelschulen (Terakoya) unterstand. Der Leiter der sogenannten Ashikaga-Akademie war ebenfalls ein Zen-Priester. Zen-Priester berieten die Ashikaga außerdem in Fragen des Außenhandels, der hauptsächlich aus Geschäften mit dem chinesischen Festland bestand. Nachdem sich dort die Ming-Dynastie (1368–1644) durchgesetzt hatte, setzten sich japanische Zen-Mönche besonders für die Förderung der chinesischen Kultur in Japan ein und leiteten die Handelsmissionen, die nach China aufbrachen. Schließlich berieten Zen-Priester die Shōgune in Fragen der Kunst. Japan erlebte, besonders unter den Ashikaga-Herrschern, eine Zeit kultureller Blüte ohnegleichen, aber auch eine Zeit politischer Konflikte und militärischer Auseinandersetzungen.

Die erfolglosen Invasionsversuche der Mongolen (1274 und 1281)
bewirkten unter anderem, daß das Zen auch in der gesamten
Kriegerkaste Aufnahme fand. Besonders die Betonung der Praxis
und der Gedanke der Mushin-Technik (jap. *mushin:* «Abgeschie-
denheit des Geistes») sprach die Samurai an, da diese nicht nur ihre
Kampfkunst vervollkommnete, sondern auch half, ihr hartes Krie-
gerdasein besser zu bestehen. Auch daß das Zen jede Überbetonung
der Theorie ablehnt, streckenweise ausgesprochen theoriefeindlich
ist und grundsätzlich die direkte Erfahrung in den Vordergrund
stellt, war den praxisorientierten Samurai nur recht. Die früheren
Kampftechniken der Krieger hatten sich während des ersten Mon-
goleneinfalls 1274 als relativ unzureichend erwiesen, und das Scheitern der Invasion ist ausschließlich auf die «Götterwinde» zurückzuführen, die die Mongolenflotte vernichteten. Die weitgehend
formalisierten Vorstellungen vom ehrenhaften Kampf Mann gegen
Mann hatten gegenüber den geschlossenen Formationen der Mon-
golenkämpfer versagt und herzlich wenig zum Rückzug des Gegners beigetragen.

Der Zen-Gedanke des unmittelbaren, nicht vorbedachten, reflex-
artigen Handelns ohne anzuhalten um nachzudenken, ohne auch
nur den leisesten Gedanken an Sieg oder Niederlage, Leben und
Tod Fuß fassen und die unmittelbare intuitive Wachheit beeinflus-
sen zu lassen, bestimmte die Kampf- und Lebensweise der Samurai
von nun an ganz entscheidend. So konnten sie während der zweiten
Mongoleninvasion 1281 bereits beachtliche Erfolge verbuchen,
obwohl auch hier wieder die Kamikaze, die Götterwinde, den
Ausschlag gaben.

Die kulturelle Blüte während der politisch so unruhigen Ashikaga-Zeit führte außerdem zu einer Fluchtbewegung zahlreicher Schriftsteller, Künstler und Gelehrter in die Klöster, vornehmlich in solche, die zur Zen-Schule gehörten, um dort in Ruhe und Frieden ihrer Tätigkeit nachgehen zu können. Der wichtigste Grundstein für den erstaunlichen Aufstieg des Zen in Japan war zweifellos der Kontakt mit China. Dieser Kontakt hätte sich aber nicht in so fruchtbarer Weise auswirken können, wenn nicht dem japanischen Wesen eine grundsätzliche Offenheit und Neugier allem Neuen und Fremden gegenüber eigen wäre. Erst auf dieser Grundlage wird der Enthusiasmus für alles Ausländische, der Prestigewert, den es für Japaner besitzt, ganz verständlich. Für das damalige Japan bedeutete «Ausland» natürlich in allererster Linie China. Hinzu kommt, daß Japan im Vergleich zu China kulturell längst noch nicht dessen hohe Entwicklungsstufe erreicht hatte und somit, abgesehen von Zeiten der Übersättigung, den von China erfahrenen Anregungen genügend Raum zur Entfaltung gegeben war. Die naive und schlichte Einfachheit des Shintō, der auf prähistorische Wurzeln zurückgehenden Naturreligion Japans, die noch heute neben dem Buddhismus die wichtigste Religion Japans ist, mit seiner engen Verbundenheit mit der Natur und den in ihr wirkenden Kräften, mag im Wesen vieler Japaner der Aufnahme des chinesischen Zen, zu dessen Grundzügen ebenfalls Einfachheit, Ablehnung alles Überladenen und Prunkvollen und die Betonung alles Natürlichen, Kleinen und Unscheinbaren zählt, zusätzlich Vorschub geleistet haben.

Doch zurück zum Begriff Weg. Der im wesentlichen der Yin-Yang-Lehre, dem Taoismus und Konfuzianismus entstammende und vom chinesischen Ch'an (Zen) aufgenommene Begriff hat, seit er von japanischen Mönchen nach Japan importiert wurde, in Japan keine philosophisch-theoretische Weiterentwicklung erfahren. Er wurde allerdings konsequent in die Praxis umgesetzt, so daß wir ihn heute noch in Japan, besser: *nur* in Japan, in seiner praktischen Anwendung in den verschiedensten Bereichen der Kunst, Wissenschaft und des täglichen Lebens studieren und vor allem selbst praktisch nachvollziehen können – beispielsweise im Kyūdō. Es ist bekannt, daß im heutigen China von einem lebendig weiterwirkenden taoistischen oder zen-buddhistischen Weg-Gedanken wohl nicht die Rede sein kann, auch wenn neuere Berichte auf ein unterschwelliges Weiterleben gewisser taoistischer Vorstellungen hindeuten. Diesen Gedanken lebendig und heute noch für jeden konkret nachvollziehbar erhalten zu haben, ist ein unschätzbares Geschenk und Verdienst der japanischen Kultur. Inmitten der trostlosen Industriewüsten, des unvorstellbaren Lärms, der nahezu totalen Vermechanisierung in den großen Städten, die einhergeht mit einer immer bedrohlicher werdenden Orientierungslosigkeit weiter Teile der heutigen Jugend, bestehen die «Wege» weiter und können in kleinen alten Tempeln oder Privatgebäuden, oft eingezwängt zwischen den Hochhausklötzen irgendwelcher Mammutkonzerne, nach wie vor geübt und beschritten werden. Überliefertes und Altes existieren unbeirrt weiter, und wenn auch bedrängt, sind sie bisher jedenfalls noch nicht eliminiert worden.

Alle eingangs genannten Wege haben zwar im alten China ihren Ursprung, sind aber dort weniger direkt als praktische Wege zum Selbst beschritten worden. Sie dienten dort meist vorrangig als ergänzendes, unterstützendes und zusätzliches Mittel der Meditation und anderer Praktiken, die zum Selbst führen sollten. So

berichtet zum Beispiel John Blofeld von taoistischen Mönchen und
Einsiedlern, die sich im Schwertfechten, Bogenschießen oder auch
Blumenstecken eben dann übten, wenn es ihren Studien und ihrer
Meditation förderlich erschien.[5] Diese Praktiken als eigenständige
Wege, als von Generation zu Generation, vom Meister dem Schüler
vermittelte und über Generationen weiterentwickelte Traditionen
zu pflegen, blieb den Japanern vorbehalten. Alle wesentlichen
Gedanken jedoch sind bereits in den chinesischen Vorstellungen
vom Weg vorhanden, besonders der Gedanke, daß der Weg letzt-
lich darin besteht, in uns die Große Wahrheit, das in uns wirkende
Prinzip des Alls zu entdecken und mit ihm eins zu werden. Das gilt
gleichermaßen für alle Weg-Disziplinen, vom Tee-Weg bis zum
Weg des Bogens.

Tao, Zen und das Bogenschießen

Der Kern der Lehre vom Tao ist der Begriff der Leere, und zwar sowohl im Hinblick auf die Entstehung von Kosmos und Welt, als auch im Hinblick auf den Wandel des Menschen in Welt und Kosmos. Bei Chuang-tzu lesen wir im 12. Kapitel:

Am Anfang war das Nicht-Sein. Es hatte weder Sein noch Namen. Daraus entstand das Eine: Es hatte Einheit, aber noch keine physische Form. Wenn die Dinge dieses Eine erlangen und in die Existenz treten, das nennt man Tugend (die ihnen ihren individuellen Charakter gibt). Das Formlose wurde geteilt (in Yin und Yang), und von Anfang an fortschreitend ohne Unterlaß wird es Bestimmung (*ming*, Schicksal). Durch Ruhe und Bewegung erzeugt es alle Dinge. Wenn die Dinge in Übereinstimmung mit dem Prinzip des Lebens (*Li*) hervorgebracht werden, so entsteht physische Form. Wenn die physische Form den Geist bewahrt und verkörpert, so daß alle Aktivitäten ihren jeweils eigenen Prinzipien folgen, dann ist die Natur in Einklang. Indem man seine Natur vervollkommnet, kehrt man zur Tugend zurück. Wenn die Tugend vollendet ist, wird man eins mit dem Anfang. Mit dem Anfang eins zu sein, bedeutet, *leer* zu werden (*hsu*, empfänglich für alles); einer, der *leer* ist, wird groß. Dann wird er mit dem Klang und dem Atem der Dinge eins. Wenn er mit dem Klang und dem Atem der Dinge eins geworden ist, ist er eins mit dem Universum. Diese unsichtbare, geheime Einheit mag nach außen hin töricht und verrückt erscheinen. Das ist die große und geheime Tugend, die vollkommene Harmonie.[1]

Dem Nicht-Sein, der großen allumfassenden Leere, dem Tao,

wohnt bereits die Potenz der Schöpfung inne. Aus ihm entspringt das vorläufig noch nicht wahrnehmbare Eine, das sich dann in Yin und Yang, das weibliche und das männliche Schöpfungsprinzip teilt, deren Interaktionen in Form von Ruhe (Yin) und Bewegung (Yang) alle Wesen und Dinge hervorbringen. Der Weg des Menschen sollte nun darin bestehen, den ursprünglichen Zustand des Anfangs, der Einheit und damit der großen Leere, den Urzustand des Tao, wiederzugewinnen, also leer zu werden.

Diesem Prozeß der inneren Entwicklung kommt fundamentale Bedeutung zu, da er entscheidend ist für unser adäquates Handeln in der realen Welt, entscheidend für unser alltägliches Leben, dessen Ziel ja darin liegt, Glück, Zufriedenheit, Freiheit und inneren Frieden zu finden. In diesem Bezug zur konkreten Wirklichkeit liegt der unschätzbare Wert der Gedanken von Taoismus und Zen. Warum aber ist dieser Prozeß der inneren Entwicklung für den Menschen so wichtig? Schließlich, so könnte man einwenden, ist eine solche Entwicklung ja doch auf einen Zustand des Alls – noch dazu auf einen solchen vor dem Entstehen der Welt – bezogen, kann also kaum einen Bezug zur alltäglichen Wirklichkeit des menschlichen Lebens haben.

Im Kapitel über den Atem und das Atmen haben wir bereits dargelegt, daß entsprechend dem chinesischen Denken der Mensch ein organischer, integrierter Teil des Kosmos ist und jede seiner Lebens- und Wesensäußerungen in direkter Wechselwirkung mit den Kräften des Kosmos steht, ebenso wie der Mensch seinerseits den Kosmos konstituiert. Wir und alle Dinge tragen den Kosmos in uns und der Kosmos uns in sich. In den Zustand der Ureinheit, der Leere, zurückzukehren, bedeutet letztlich nicht mehr und nicht weniger, als an der Schöpfung selbst teilzuhaben. Diese Möglichkeit trägt jedes Wesen von Anbeginn in sich. Wir Menschen haben unseren Geist und unser Wesen jedoch mit tausenderlei sinnlosen Äußerlichkeiten, mit belanglosen Vorstellungen, Wünschen und Gedanken bis zum Rande gefüllt, so daß kein Raum mehr bleibt und diese Potenz in den meisten Menschen, obwohl weiterhin vorhanden, doch hoffnungslos verdeckt, verschüttet und unterdrückt ist.

«Leer» zu werden bedeutet bei Chuang-tzu keineswegs etwas Negatives, sondern etwas höchst Positives: nämlich, empfänglich, aufnahmefähig und offen zu werden für alles, was wirklich von Bedeutung ist. Diese positive Bedeutung von Leere veranschaulicht uns Lao-tzu im elften Kapitel seines *Tao-te-ching* auf sehr konkrete Weise:

> Dreißig Speichen treffen auf eine Nabe:
> Gemäß ihrem Nicht-Sein ist des Wagens Gebrauch.
> Man erweicht Ton, um ein Gefäß zu machen:
> Gemäß seinem Nicht-Sein ist des Gefäßes Gebrauch.
> Man bricht Tür und Fenster aus, um ein Haus zu machen:
> Gemäß ihrem Nicht-Sein ist des Hauses Gebrauch.
> Darum: Das Sein bewirkt Nutzen,
>   Das Nicht-Sein bewirkt den Gebrauch.[2]

Brauchbar wird das Rad durch das Nichtvorhandensein der Speichen in der Nabe, die bekanntlich hohl ist. In diese Leere der Nabe erstreckt sich zwar das Wesen der Speichen, aber dennoch sind sie dort nicht vorhanden. Ein Gefäß ist ebenso nur brauchbar, insofern seine geformte Materie eine Leere umschließt. Diese durch die

Form gebildete Leere macht erst das Wesen des Behältnisses aus, erst durch die Leere können wir es gebrauchen. Ebenso verhält es sich mit Fenstern und Türen eines Hauses. Alles Sein ist gleichzeitig auch Nicht-Sein. So auch der Mensch: Erst wenn wir «leer» werden, leer und frei von allen unwesentlichen Einflüssen, Wünschen und Vorstellungen, werden wir unser eigenes Wesen erkennen und im Einklang mit den kosmischen Kräften in Harmonie und Frieden mit uns selbst und unserer Umgebung unser tägliches Leben gestalten können.

Unsere Hilflosigkeit, Unausgeglichenheit und innere Unruhe beruhen zum größten Teil auf unseren lächerlichen Versuchen, unser Unzufriedensein mit immer neuen Äußerlichkeiten zu ersticken. Konsumrausch, Alkohol- und Drogensucht ebenso wie Egoismus, Selbstsucht und Unduldsamkeit sind oft genug die quälenden Folgen. Die meisten Menschen sind nämlich nicht in der Lage, sich das einzugestehen und sich nach dem zu richten, was sie eigentlich schon längst wissen: daß nämlich all diese oberflächlichen Zerstreuungen im Grunde zu nichts führen, daß ein erfüllter Wunsch unweigerlich einen neuen weckt – eine fatale Kette ohne Ende. Im Laufe dieses Prozesses der Selbstzerstörung wird des Menschen Aufnahmefähigkeit für die Stimme seines eigentlichen Selbst dann derart geschwächt, daß er all seine äußerlichen Begierden und Wünsche in einem Akt des Selbstbetruges schließlich für Äußerungen seines eigentlichen Selbst nimmt. Lao-tzu sagt dazu:

Die fünf Farben machen des Menschen Aug' blind,
Die fünf Töne machen des Menschen Ohr taub,
Die fünf Geschmäcke machen des Menschen Mund stumpf,

Pferderennen und Feldjagd machen des Menschen Herz dumpf,
Schätze, schwer erreichbar, machen des Menschen Wandel krumm.
Deshalb: «Des Heiligen Tun ist seine Brust,
          Nicht Augenlust.»
Darum läßt er jenes und ergreift dieses.[3]

Wer sein Inneres also mit all diesen Zerstreuungen und Genüssen
vollstopft, bleibt seinem äußerlichen, kleinen Ich verhaftet, kann
nicht in sein eigenes Innen vordringen und die Bestimmung seines
Wesens erfüllen, denn dazu ist Leerwerden und Freiwerden von
allen Äußerlichkeiten und allem Begehren Voraussetzung. Nicht
«Augenlust», was hier das Begehren der Sinne im allgemeinen
bezeichnet, soll uns leiten. Sich ausleeren von allem, was andere
begehren, besitzen, womit sie in der Welt glänzen – darauf kommt
es an, wenn Geist und Gemüt innere Ruhe und Klarheit erreichen
oder bewahren sollen. Daher konzentriert sich der Suchende auf
sein Inneres, den Bauch. Victor von Strauss, der die zitierte Passage
übersetzt hat, merkt an, daß im chinesischen Text nicht «Brust»,
sondern wörtlich «Bauch» steht, der ja bekanntlich im chinesischen
und japanischen Denken als Sitz der Seele und Zentrum des
gesamten Körpers gilt.

Der wahrhaft Suchende soll «dieses», also das, was ihm auf
seinem Weg dienlich ist, festhalten und «jenes», was alles andere
meint, unbeachtet lassen. Das gleiche meint auch der Zen-Weise
Sekiso, wenn er sagt: «Stille dein Verlangen; laß Moos wachsen auf
deinem Munde; mache dich ähnlich einem fehlerlosen Stück flek-
kenloser Seide; laß deinen einzigen Gedanken die Ewigkeit sein; sei
wie tote Asche, kalt und leblos und wiederum: sei wie ein altes

Weihrauchfaß in einem verlassenen Dorftempel.»⁴ Suzuki zitiert in ähnlichem Zusammenhang einen weiteren Meister des Zen: «Laß dein Gemüt ohne Regungen sein, sei völlig gehorsam gegenüber der Außenwelt. Allezeit in solcher Leerheit und Stille zu verharren, ist der Weg zur Vereinigung mit dem Buddha.»⁵ Unser gesamtes Innen, unser Denken ebenso wie unser körperliches Empfinden, soll so klar, ungetrübt und makellos rein sein wie ein von keinem Stäubchen beflecket Spiegel. Von nichts zu beeindrucken wie tote Asche, scheinbar kalt und leblos, scheinbar ohne besondere Funktion, nutzlos wie ein altes Weihrauchgefäß in einem verlassenen Dorftempel.

Durch dieses Leersein, Freisein von allem Äußerlichen, dringt der Suchende bis zur Vereinigung mit dem Buddha vor, den jeder Mensch in sich trägt. Der Buddhismus geht ja davon aus, daß außerhalb der menschlichen Wirklichkeit kein Gott existiert, daß wir das Buddha-Wesen, das letztlich nichts anderes ist als die letzte Wirklichkeit unseres eigenen Wesens, mittels bestimmter Übungen in uns freilegen und aktivieren können. Durch Sammlung auf das Nichts, «laß deinen einzigen Gedanken die Ewigkeit sein», wird unser kosmisches Bewußtsein freigelegt. All unsere äußerlichen Leidenschaften, aller abstumpfende Ballast fällt von uns ab – wir kommen mit uns selbst ins reine, unsere inneren Kraftreserven werden befreit, und wir stehen uns selbst nicht mehr gespalten gegenüber. Unser verschüttetes spirituelles oder kosmisches Bewußtsein, welches Teil der Kraft ist, die das gesamte Universum durchdringt, wird freigesetzt. Sammlung und Meditation entwickeln unseren Geist und unsere Substanz und führen zur Auflösung unseres Selbst in die kosmische Kraft: Wir kehren zum Ursprung zurück, werden Teil der kosmischen Kraft, denn wir Menschen sind mikrokosmische Wesen, die den Makrokosmos widerspiegeln.

Als der aus Indien nach China gekommene Bodhidharma, der als erster Patriarch des Zen gilt, den Kaiser Wu der Liang-Dynastie (502–549) traf und von diesem gefragt wurde, worin denn nun der letzte und heiligste Grundsatz seiner Lehre bestehe, soll er der Überlieferung nach geantwortet haben: «Weite Leere und nichts Heiliges darin.» Das klingt negativ und vielleicht sogar nihilistisch, ist es aber nicht im geringsten. Der Taoismus und noch eindeutiger und handgreiflicher das Zen sind immer bestrebt, den Kern alles Lebendigen, die Welt in ihrer Ganzheit und das Leben von innen her, das kosmische Gebundensein alles Seins zu erfassen. Das Nichts, die «weite Leere» des Bodhidharma, ist weder Abkehr von der Welt, noch hat es irgend etwas zu tun mit Verzweiflung oder Protest, und es meint auch keinen zu transzendierenden Abgrund – ein Gedanke, der etwa die Metaphysik des Christentums durchzieht. Das Nichts in Taoismus und Zen ist die innerste Bedingung der Dinge, ist Leere und Fülle zugleich und aufs engste verbunden mit praktischem Tun.[6] Deshalb finden sich ja nicht nur Zen-Mönche unter den Übenden des Weges, sondern gleichermaßen Dichter, Künstler, alle Arten von Sportlern, Blumenzüchter, Wissenschaftler und auch Soldaten, wie wir im Kapitel über Bushidō sehen werden.

Die folgenden Zeilen aus dem *Prajñāpāramitā-Hridaya-Sūtra* werden in den meisten Zen-Klöstern noch heute täglich rezitiert. Das gemeinsame Rezitieren von Sūtras in Zen-Klöstern ist als Form der Meditation zu verstehen; es soll in die eigentlichen, stillen Meditationsperioden einstimmen beziehungsweise diese unterstützen:

So, o Sāriputra, haben alle Dinge den Charakter der Leerheit, sie haben weder Anfang noch Ende, sie sind fleckenlos und nicht fleckenlos, sie sind nicht vollendet und nicht unvollendet. Daher, o Sāriputra, ist in dieser Leerheit nicht Gestalt noch Wahrnehmung, nicht Name, nicht Begriff noch Verstehen. Nicht Augen noch Ohr, noch Nase, noch Zunge, noch Körper, noch Seele. Nicht Form noch Schall noch Geruch, noch Geschmack, nicht Tastempfindung noch Gegenstände... Da gibt es weder Wissen noch Nichtwissen, noch Aufhebung des Nichtwissens... Da ist weder Verfall noch Tod; auch nicht die vier Wahrheiten: vom Leiden, von der Entstehung des Leidens und vom Wege zur Aufhebung des Leidens. Da ist weder ein Wissen vom Nirvāna noch ein Erreichen des Nirvāna, noch ein Nichterreichen. Daher, o Sāriputra, wo es doch kein Erreichen des Nirvāna gibt, weilt ein Mensch, der die Vollkommenheit der Erkenntnis [Prajñāpāramitā] der Bohisattvas erreicht hat, ungehindert in *Vollbewußtheit*. Wenn die Hindernisse der Bewußtheit zerstört sind, so ist er befreit von aller Furcht, dem ewigen Wechsel entzogen und genießt letztes Nirvāna.[7]

Dieses Zitat mag zusammenfassend alles vorher Gesagte in konzentrierter Form veranschaulichen. Beachten sollten wir den hier beschriebenen Zustand eines Menschen, der mit dem Tao, der Leere, eins geworden ist. Er verweilt von allen Hindernissen äußerlichen Bewußtseins unberührt im Zustand der «Vollbewußtheit». Dieser Zustand der Vollbewußtheit läßt ihn den Kern aller Dinge direkt, ohne Vermittlung diskursiven Denkens erfassen. Von hier aus handelt er spontan in vollkommener Übereinstimmung mit den

Erfordernissen der jeweiligen Situation, seine Geistesverfassung leerer Reinheit ist in Harmonie und Übereinstimmung mit allen Umständen des täglichen Lebens, was ihn davor bewahrt, das Leben wirklichkeitsfremd als eine Art metaphysischer Übung zu behandeln. Sein Körper ist zu einem Instrument der in ihm wirkenden kosmischen Kräfte geworden, so wie umgekehrt auch er diese kosmischen Kräfte instrumental verwenden kann.

Auf das Kyūdō bezogen, ist dieser Zustand der Vollbewußtheit von höchster Wichtigkeit sowohl für den technischen Aspekt des Schießvorgangs als auch für die geistige Haltung des Übenden. Beide Aspekte bilden eine untrennbare Einheit, wie wir im Kapitel «Geist und Technik» sehen werden. Für die mehr praktische Seite des Bogenschießens bedeutet der Zustand des ungehindert in Vollbewußtheit Weilens die Fähigkeit des Schützen, den Schießvorgang ohne bewußtes Wollen seines im Ich-Wahn verhafteten Selbst einzig und allein auf die rechte Ausführung der verschiedenen Bewegungen und Handgriffe konzentriert zu realisieren. Das wiederum verlangt vom Schützen, daß zwischen dem, was er gerade handelnd realisiert, und dem, was in ihm den Impuls zum Handeln gegeben hat, auch nicht der geringste Zwischenraum bleibt: Impuls und Ausführung fallen in eins zusammen, die einzelnen Handgriffe und Bewegungen zeigen sich als harmonisch in sich selbst abgerundete Einheit, als majestätisch dahinfließender Strom, der sich ruhig und erhaben, durch nichts aufzuhalten, seinem Ziel entgegenbewegt.

Von jeglichem Vorausplanen seiner Aktionen, von allen willentlichen Korrekturen oder anderen intentional geleiteten Anstrengungen ist ein solcher Schütze frei. Sein Schießen entströmt ungehindert seinem tiefsten Innen, seiner eigenen Leere. Es fließt aus dem Punkt seines Wesens, wo er mit den makrokosmischen Kräften verbunden ist, so daß alles, was er tut, von tiefstem, echtem Bewußtsein erfüllt ist. Er hält den Bogen und hält ihn doch nicht, von dem Stück Bambus mit seiner Sehne ist er frei geworden. Er geht zwar handelnd damit um, aber nicht von seinem Willen und diskursiven Denken, sondern von dem großen Prinzip geleitet, welches alles Sein und Nicht-Sein umfaßt. So ist folgendes Gedicht eines Meisters der Kamakura-Zeit zu verstehen.

> Der Bogen zerbrach,
> Kein Pfeil ist mehr da –
> Jetzt aber gilt's:
> Nimm dein Herz in die Hand!
> Schieß mit Macht und Gewalt![8]

Ein Schütze auf der Stufe der Vollbewußtheit oder «unbewegten Erkenntnis», wie Suzuki es an anderer Stelle bezeichnet (wir können es auch «ganzheitliche Wahrnehmung»[9] nennen), hat zweifellos die Stufe erreicht, auf der sich seine auf dem Wege des Bogens erlangte Meisterschaft in jeder Situation bekundet und bewährt. Auch außerhalb der Übungshalle (jap. Dōjō) bleibt er ein Meister. Nicht nur das Lösen des Schusses, sondern ebenso alle anderen Handlungen vollbringt er im Einklang mit den aus der konkret erfahrenen Leere erwachsenden Kräften. Was er auch tut, er vollbringt es aus dem Stadium der Vollbewußtheit heraus, welches er ununterbrochen beizubehalten versucht. Das Bogenschießen in der Übungshalle ist nicht mehr und nicht weniger als ein Weg der Übung, das zu erreichen. Die Bewährung dieser Haltung findet nur zum Teil in der

Bogenhalle statt, weitaus intensiver und entscheidender muß sie sich in der Wirklichkeit des alltäglichen Lebens offenbaren. Die Übung mit dem Bogen darf niemals zum Selbstzweck werden, sondern muß bleiben, was sie ist: Mittel und Methode, uns selbst zu reinigen von allem Überflüssigen und Oberflächlichen, indem wir es mit Hilfe der Übung mit dem Bogen von uns abfallen lassen und damit leer werden für die große Fülle unseres eigentlichen Innen, die tieferen Schichten unseres Selbst.

Ein Schütze dieser Stufe hat sich jahrelang unermüdlich in seiner Kunst geübt und dieses Training gleichermaßen auf die technisch-körperlichen Erfordernisse wie die Schulung seines Geistes gerichtet. Äußerlich hat er sich während all dieser Jahre mit seinem Bogen, den Regeln der Schießtechnik und ihren die Bewegungen und Haltung seines Körpers betreffenden Implikationen auseinandergesetzt. Dabei hat er sich gleichzeitig von Anfang an bemüht, sein Handeln mit Pfeil und Bogen über das Technische zu erheben, denn schon nach einigen Übungsstunden hat er erfahren, daß die Meisterung der Technik, das Treffen des Ziels nicht der alleinige Zweck seines Schießens sein kann. Er hat gelernt, daß er vor allem seinen Ehrgeiz und sein Wollen von sich abfallen lassen mußte, um Fortschritte auch nur in den geringsten Details des technischen Umgangs mit dem Bogen zu erfahren und sich dem Stadium der Vollbewußtheit oder ganzheitlichen Wahrnehmung zu nähern.

Ehrgeiz meint beim Kyūdō das bewußte Das-Ziel-treffen-Wollen, zum Beispiel, um anderen oder sich selbst zu zeigen, was man schon erreicht hat. Treffen ist zwar von essentieller Wichtigkeit, und wer nicht trifft, hat in diesem Augenblick eindeutig versagt. Von Übel ist nur das *Wollen*, das seinen Impuls den Äußerungen unseres oberflächlichen Ich entnimmt. Solches Wollen verhindert Absichts-losigkeit und die Integration unseres Selbst in das Tao. Es blockiert ganzheitliche Wahrnehmung und führt zu Fehlschüssen oder er-bärmlichen Zufallstreffern. Absichtslosigkeit und Treffsicherheit sind beim Kyūdō engstens verbunden. Die Realisierung und Erfah-rung dieser Absichtslosigkeit ist die Erfahrung der großen Leere in uns, die Erfahrung tiefer Selbsterkenntnis und Selbst-Identität.

Auf die rechte Weise geübt, gibt das Kyūdō dem Schützen die Möglichkeit, durch konkrete Praxis, durch sein Hantieren mit Pfeil und Bogen, diese Erfahrung – erhaben über jedes ebenso schöne wie illusionsfördernde Gerede darüber – lebendig, positiv-aktiv in sich selbst ruhend zu verwirklichen.

In der Literatur über Taoismus und Buddhismus finden sich die verschiedensten Bezeichnungen für das jede Selbsterkenntnis ver-hindernde Ich und für jenes eigentliche Ich, in dessen Tiefen wir vordringen, wenn es uns gelingt, die Schalen zu zersprengen, mit denen jenes negative Ich jedes Vordringen dorthin entmutigt und verhindert. Die meisten dieser Bezeichnungen sind durchaus zutref-fend, und die Unterschiede zwischen ihnen reflektieren lediglich die kulturellen, geistesgeschichtlichen, religiösen oder wissenschaftli-chen Provenienzen der verschiedenen Autoren. Für das hemmende Ich finden wir Bezeichnungen wie Ego-Ich, kleines Ich, Wahn-Ich, relatives Ich, empirisches Ich und viele andere mehr. Für das positive Ich stehen zum Beispiel tieferes Ich, tieferes Selbst, wahres Ich, wahres Selbst, großes Ich, absolutes Ich, transzendentes Ich, Buddha-Natur oder Buddha-Wesen. Für unser kleines, äußerliches Ich findet man meistens nicht die Bezeichnung «Selbst», zumindest nicht ohne entsprechendes Attribut, während auf der anderen Seite

für unser tieferes Selbst die Begriffe «Selbst» oder «Ich», meist mit
entsprechendem Attribut, verwendet werden. Ich und Selbst werden
durchweg unterschieden. Tiefere Durchdringung unseres Ich kann
zur Erkenntnis unseres Selbst führen. Das Selbst ist also das
Umfassendere.

Ein Mensch auf der Stufe der Vollbewußtheit, von der das oben
zitierte *Prajñāpāramitā-Hridaya-Sūtra* (jap. *Hannya-haramita-
shingyō*) spricht, hat eine der schwerwiegendsten Täuschungen der
Menschheit überwunden. Die Täuschung nämlich, das kleine,
empirische Ich, das Wahn-Ich, für das transzendente Selbst zu
halten. Diese Täuschung ist der Grund für unseren Ehrgeiz und
Egoismus, führt zu Streit, Mißachtung und Unterdrückung anderer
Menschen und zu Unausgeglichenheit und Unzufriedenheit mit uns
selbst. Das kleine Ich ist begrenzt, relativ, unfrei, und es unterliegt
unzähligen Voraussetzungen. Es versucht ununterbrochen, sich
gegenüber seiner Umwelt zu behaupten, und fühlt sich dabei
grundsätzlich im Recht, da es sich im Grunde frei wähnt und meint,
nur das andere, die Umwelt, die vielen anderen relativen Ichs
schränkten es in seiner «freien» Entfaltung ein. Nach außen also steht
das kleine Ich in fluktuierendem Kontakt mit seinen Bedingungen, es
befindet sich in der Welt der «Vielheit». Innen aber steht das
empirische Ich in konstantem, unmittelbarem und totalem Austausch mit dem Selbst, dem transzendenten Ich, wie D. T. Suzuki,
dem wir eine der bisher klarsten Darstellungen dieses Zusammenhangs verdanken, ausführt.[10]

Das transzendente Ich oder Selbst wirkt durch das empirische Ich
und verweilt in ihm. Noch deutlicher: das transzendente Ich braucht
das empirische Ich, um sich selbst Gestalt zu geben; durch diese

Gestalt erst kann es wirken. Zwar befindet sich das empirische Ich in völliger Abhängigkeit vom transzendenten Ich, aber das bedeutet nicht, daß wir unser kleines, empirisches Ich einfach wegwerfen könnten, um zum eigentlichen Selbst vorzudringen, was uns manche Zen- und Yoga-Texte nahezulegen scheinen. Wir können das transzendente Ich nicht einfach abtrennen, damit das empirische Ich es betrachten kann, da beide so eng miteinander verbunden sind, daß das eine das andere *ist*. Sie sind eins, aber wiederum doch nicht eins. Alles, was wir tun können, ist, die Beziehung beider zu verstehen. Die Täuschung, von der oben die Rede war, hat ihren Ursprung in falschem Verständnis eben dieser Beziehung.

Unser wahres Ich findet sich dort, wo Himmel und Erde noch nicht geschieden sind, wo Yin und Yang noch nicht aus dem Tao hervorgetreten sind, wo das Tao noch ungeteilt in sich selbst ruht. Unser kleines Ich jedoch ist eine Realität wie jede andere Realität auch, und keine Meditation und kein Bogenschießen mit dem intendierten Ziel, dieses Ich zu «besiegen», wird jemals Erfolg haben. Das Gute an der Meditation ist eben die Meditation; der fliegende Vogel denkt auch nicht, er müsse jetzt fliegen: er fliegt ganz einfach. Beim Meditieren wie beim Bogenschießen soll es niemals um ein gewolltes Ziel gehen. Man meditiert, um zu meditieren, und man geht mit dem Bogen um, um eben mit ihm umzugehen. Es geht um ein Eintauchen ohne Bedingungen in die Beziehung zwischen unserem kleinen Ich und unserem wahren Ich, ein Eingehen in den Zusammenhang zwischen uns und dem All, in die große Einheit, die uns mit dem Kosmos und diesen mit uns verbindet – beides ist ein und dasselbe und doch verschieden. Wenn wir auf diese Weise meditieren, auf diese Weise unseren Bogen gebrauchen, erreichen wir nach

harter jahrelanger Übung von selbst, daß die Herrschaft des kleinen
Ich und seiner Antriebe von uns abfällt. Die Übung, um welche es
sich auch handeln mag, ist hart und unerbittlich, muß aber ohne den
Zwang, etwas erreichen zu wollen, geschehen. So erreichen wir, daß
unser kleines Ich seinen letzten Zufluchtsort verliert. Sein kleines Ich
«loswerden» zu wollen, ist der letzte Zufluchtsort dieses kleinen Ich,
sagt Alan Watts zu Recht.

Der Übende, der in Absichtslosigkeit ruhig und in ungeteilter
Aufmerksamkeit aus dieser vollen Leere heraus handelt, erkennt sich
in anderen Dingen und anderen Menschen, die Wand zwischen ihm
und seiner Umwelt löst sich auf, und das kleine Ego verliert seine
Dominanz, bleibt auf seine natürliche Funktion beschränkt. Wenn
der Schütze den Pfeil gelöst hat und ihn auf das Ziel zufliegen sieht,
offenbart sich ihm ganz direkt und konkret, wie weit er es auf diesem
Wege bisher gebracht hat. Der Flug seines Pfeils konkretisiert ihm
und anderen seinen eigenen inneren Zustand. Manche Schützen und
Autoren sind der Ansicht, mit dem Pfeil flöge unser kleines Ich weg,
dem Ziel entgegen. Wenn das so gemeint ist oder aufgefaßt wird, daß
wir durch einen gelungenen Schuß unser relatives Ich loswerden
könnten, es zwingen könnten, mit dem Pfeil auf Nimmerwiederse-
hen zu verschwinden, erliegt man einem fatalen Irrtum. Mit dem
Pfeil fliegt nicht etwa dieses Ich fort, sondern durch einen solchen
Schuß haben wir lediglich erfahren und konkret gezeigt, daß uns
dieses kleine Ich nicht mehr hindert, uns nicht mehr beherrscht, da
wir seine eigentliche Rolle erkannt haben und es in dieser Rolle
belassen – mehr nicht.

Beim Kyūdō, anders als bei den meisten anderen Kampfsportarten, liegt die Gefahr der Selbsttäuschung und Illusion besonders

nahe, da hier der äußere Kampf, der konkrete Gegner, an dem man sich beispielsweise im Kendō oder Jūdō übt, scheinbar völlig fehlt. Dieser Sachverhalt verführt manchen Schützen dazu, den sogenannten inneren Kampf, die Auseinandersetzung mit sich selbst, zu mystifizieren, meist, weil der Schütze nicht in der Lage ist, die innere Auseinandersetzung adäquat, das heißt absichtslos und ohne Zwang zu führen. Pfeil und Bogen aus einem Zustand der Absichtslosigkeit heraus technisch perfekt zu handhaben, erfordert unglaubliche Energien, Anstrengungen und eisernes Durchhaltevermögen, die sowohl geistiger als auch körperlicher Art sind, denn es geschieht über den Leib, daß man den Weg erlangt. Nach taoistischer und buddhistischer Auffassung sind Geist und Körper eins, Wesen und Gestalt sind im Grunde ungetrennt. Illusorisch-romantisches Befriedigtsein über den Stand seiner inneren Auseinandersetzung und bloßes Theoretisieren findet man unter Kyūdō-Schützen nicht selten, was unter anderem oft auf einem Überbetonen des geistigen Gehalts beruht, weil ein äußerer Gegner fehlt. Wer andererseits den Bogen aus rein äußerlichen Motiven benutzt, nämlich um das Ziel als Ersatz für einen Gegner zu treffen, wird es im besten Fall zu einem hohen Grad an äußerlicher Geschicklichkeit bringen.

Zu handeln, wie eine Knospe aufbricht oder eine reife Frucht platzt – ohne Denken und intendiertes Tun –, darin liegt das Ziel jedes menschlichen Weges in taoistischem und zen-buddhistischem Sinn. Dabei sind «Nicht-Denken» wie «Nicht-Tun» Methode und Mittel auf dieses Ziel hin. Nicht-Denken meint dabei keinen in Gedankenlosigkeit dahindösenden Zustand. Es ist ein Denken, das ein Höchstmaß an Energie verlangt, ein Denken, das sich so unabhängig von unserem kleinen Ich wie möglich vollzieht, damit das aus diesem aktiven Nicht-Denken resultierende Handeln direkt und spontan der vom kleinen Ich leeren Leere, der Vollbewußtheit, entquellen kann. Nicht-Denken ist ein von jeder Fixierung, von allen Vorurteilen freies Denken, das gelernt hat, den Eingebungen unseres innersten Wesens, des transzendenten Selbst, zu folgen. Das ist aber erst dann möglich, wenn wir durch ausdauernde Übung die Fähigkeit erlangt haben, die Stimme unseres Selbst instinktiv vom Willen oder der Stimme unseres kleinen Ich zu unterscheiden.

Wir erreichen damit das, was D. T. Suzuki «unbewegtes Begreifen» genannt hat – eine allumfassende Aufmerksamkeit, die nicht starr an etwas kleben bleibt, sondern eine intuitive Aufmerksamkeit und Wahrnehmung, die in Ruhe verharrt, aber tief in uns selbst hineinblickt und gleichzeitig blitzartig alles erfaßt, was um uns herum vorgeht. Aus dieser Allbewußtheit heraus wird der Wahrnehmende durch kein rationales, diskursives Denken mehr behindert und kann schlagartig handeln. Rationales Denken zerstückelt die Wirklichkeit, intuitives Denken erfaßt die Wirklichkeit in ihrem innersten Kern. Ein solches Denken, das im wesentlichen ein Nicht-Denken ist, da es jeder Logik und Rationalität widerspricht, überwindet die durch unser diskursives Denken künstlich geschaffene Trennung von Subjekt und Objekt, die den Zugang zur Wirklichkeit der Dinge versperrt. Chuang-tzu sagt dazu:

Die Begrenzungen sind nicht ursprünglich im Sinn [Tao] des Daseins begründet. Die festgelegten Bestimmungen sind nicht ursprünglich den Worten eigentümlich. Die Unterscheidungen entstammen erst der subjektiven Betrachtungsweise. ... Im Geteilten gibt es Unteilbares. In den Beweisen gibt es Unbeweisbares.

Was heißt das? Der Berufene hat (die Wahrheit) als innere Überzeugung, die Menschen der Masse suchen sie zu beweisen, um sie einander zu zeigen. Darum heißt es: Wo bewiesen wird, da fehlt die Anschauung... Darum: mit seinem Erkennen haltmachen an der Grenze des Unerforschlichen ist das Höchste. Wer vermag zu erkennen den unaussprechlichen Beweis, den unsagbaren Sinn [Tao]? Diese zu erkennen vermögen heißt des Himmels Schatzhaus besitzen. Dann strömt es uns zu, und wir werden nicht voll. Es fließt aus uns hervor, und wir werden nicht leer, und wir wissen nicht, von wannen es kommt: das ist das verborgene Licht.[11]

Unsere logische Denkweise hat Jahrtausende hindurch Systeme geschaffen, diese Systeme immer wieder durch andere Systeme angegriffen und ersetzt, sich bis heute aber unfähig gezeigt, die in unserer eigenen Tiefe ruhenden Bedürfnisse unseres Geistes zu befriedigen. Es hat uns so weit gebracht, daß wir bereits oft genug annehmen, ohne logisches Denken sei unser Leben wertlos, womit es unsere Seele weiterhin im Zwiespalt mit sich selbst gefangenhält. Anstatt von innen her in die Wirklichkeit der Realität vorzudringen, begnügen wir uns mit blutleeren Vorstellungen dieser Wirklichkeit.

Taoismus, der Buddhismus und besonders das Zen gehen davon aus, daß die höchste Wirklichkeit der Dinge, die höchste Wahrheit, in uns selbst zu finden ist und daß wir sie durch keine noch so «überzeugende» Gelehrsamkeit, durch kein noch so begründetes System erfahren, sondern nur durch direkte Erfahrung und Intuition.

Der Ursprung des Buddhismus liegt nicht in philosophischer

Erkenntnis, sondern in dem außergewöhnlichen Schauungs-
Erlebnis eines Wahrheitssuchers, der, nachdem er alle Lehren
seiner Zeit durchforscht hatte, die Erleuchtung in sich selbst fand
und damit den Beweis erbrachte, daß die höchste Wirklichkeit
nicht in der Außenwelt, sondern in der innersten Natur des
menschlichen Bewußtseins zu suchen ist. Wenn wir der Beschrei-
bung vom Vorgang der Erleuchtung und der aus ihr hervorgehen-
den Erscheinung des Buddha, wie sie in den Schriften aller frühen
buddhistischen Schulen übereinstimmend wiedergegeben wird,
Glauben schenken wollen, so kann kein Zweifel daran bestehen,
daß wir es hier mit einem Erlebnis von solch allumfassender
Universalität zu tun haben, daß in ihm alle Schranken des Raumes
und der Zeit, d. h. alle Begrenzungen individueller Art überwunden wurden und damit die Illusion von der Substantialität unserer
Sinnenwelt und der Realität eines ihr gegenüberstehenden behar-
renden ‹Ich› zunichte wurde.[12]

Nicht ständige Wissensakkumulation führt zur Erkenntnis der
letzten Wirklichkeit der Dinge und unseres Selbst, sondern vor allem
ständige Übung. Auch die Lehren des Buddhismus und Taoismus
selbst können nur der Finger sein, der auf die Große Wahrheit
hinweist, die Wahrheit selbst aber sind sie nicht – die tragen wir und
alle Dinge in uns selbst und müssen sie selbst entdecken und erfahren.
Trotzdem können Lehren und Bücher eine sehr wichtige Aufgabe
erfüllen, indem sie sich nämlich dazu eignen, anderen Menschen
diese Wahrheit mitzuteilen, ihnen die ersten Schritte zum und auf
dem Weg zu erleichtern. Sie bleiben dabei aber nur vorläufige
Versuche, können nicht den Anspruch von etwas Endgültigem

erheben. Immerhin ist ihr Hinweis auf das, was jeder Mensch bereits in sich trägt, oft notwendig und damit von großem Wert.

Wir sagten, unser gewöhnliches rationales Denken zerteile die Wirklichkeit, die tatsächlich ein Ganzes ist. Wenn der Bogenschütze durch diese Art des Denkens die einzelnen Handgriffe und Bewegungen des Schießvorganges vorausplanen würde, erschiene der gesamte Ablauf bis zum Lösen des Pfeils als etwas unnatürlich Zusammengesetztes, ohne inneren Fluß. Das ganze Schießen bliebe an der Oberfläche und könnte niemals dem Innen des Schützen entströmen, wenn es im Intellekt seinen Ursprung hätte. Wer so schießt, hat noch nicht einmal den ersten Schritt auf dem Wege des Bogens gemeistert. Die richtige Form des gesamten Schießvorganges in seiner natürlichen, fließenden Gesetzlichkeit ist ihm noch nicht wirklich zu eigen geworden, ist im diskursiven Denken steckengeblieben. Schütze, Bogen, Ziel und Schießvorgang sind noch völlig voneinander getrennte Aspekte, deren ursprüngliche Einheit dieser Schütze noch nicht erfahren hat, geschweige denn im Schießen bezeugen kann. Künstlichkeit des eigenen gewollten Machens kennzeichnet sein stückwerkhaftes Handeln. Von ungeteilter Aufmerksamkeit ist er noch weit entfernt, da sein Denken von einer Bewegung zur nächsten immer neue Antizipationshaltungen in ihm wachruft, die ihn hindern, durch das Schießen zu sich selbst, zu seiner eigenen Mitte und Leere zu finden. Er erinnert an den Tausendfüßler, der auf die Frage, worin denn das Geheimnis bestünde, daß er seine zahlreichen Beine so gekonnt und fehlerlos in völliger Harmonie bewegen könne, zu denken anfing, um eine Erklärung dafür zu finden: die Bewegungen seiner Beine gerieten augenblicklich in ein heilloses Durcheinander, und er war außerstande, auch nur einen Schritt weiterzugehen.

Der Geist des Bogens erschließt sich dem Schützen aus dem konkreten Umgang mit dem Bogen, nicht aus rationalem Denken darüber. Auch für das Kyūdō gilt, daß alle großen Dinge jenseits vom Denken erfahren und geschaffen werden. Nicht-Denken beim Bogenschießen meint, aus unbehinderter Vollbewußtheit heraus denkend die Wirklichkeit des Schießens und seines Ablaufs von innen her wahrzunehmen, was sich in etwa mit der uns geläufigeren Bezeichnung «Geistesgegenwart» deckt. Tun kann nicht durch rationales Denken adäquat realisiert werden. Ein solches Tun erfaßt nie die gesamte Situation, sondern immer nur Bruchstücke. Besonders kurz vor und während des Lösens des Pfeils erkennt auch der Laie, ob ein Schütze von innen heraus, aus seiner vollen Mitte, schießt. Bei vielen Schützen, deren rationaler Denkprozeß während dieses Moments versucht, den richtigen Zeitpunkt zum Lösen zu «erwischen» oder gar zu kalkulieren, entsteht nämlich plötzlich ein unmotiviertes, beängstigendes Zittern in beiden Armen, die den Bogen in voller Spannung halten. Sie haben aufgrund intentionalen und korrigierenden Denkens die Balance und Harmonie zwischen dem Ziehen der Bogensehne nach hinten und dem Drücken des Bogens nach vorn, die Harmonie zwischen den Yin- und Yang-Aspekten des gespannten Bogens, verloren und versuchen nun unter krampfhafter Kraftanstrengung, diese Balance wiederherzustellen. Das ist in den meisten Fällen aussichtslos, da der denkende Schütze das nun auch wieder denkend versucht. Dabei verliert er meist auch noch seinen Atemrhythmus und damit unweigerlich die Einheit zwischen oberer und unterer Körpersektion, was wiederum eine Schwächung des Kraft- und Energiezentrums Tanden zur Folge hat. Dieser Kraftverlust im Tanden bringt die gesamte Körperbalance ins Wanken, wobei auch der feste Stand der Füße bedroht ist: Der Schütze erinnert nun an einen hilflos auf dem Trockenen zappelnden Fisch oder an den oben erwähnten Tausendfüßler, der vor lauter gutgemeintem Denken den Bewegungsrhythmus seiner Gliedmaßen verloren hat.

Tauchen während des Schießvorgangs Gedanken an das Schießen auf, sind es meist Gedanken, die die Haltung bewußt kontrollieren oder «vorausdenken» wollen – etwa, wie der nächste Handgriff und die nächste Bewegung zu vollführen sei –, oder aber Gedanken, die sich auf das Treffen-Wollen richten, also im Ich-verhafteten Ehrgeiz ihren Ursprung haben. Derartige Gedanken kann man nicht willentlich vertreiben oder unterdrücken, denn sie sind eine Wirklichkeit und würden sich dann nur um so wirksamer in uns festsetzen. Sie festhalten wollen, wäre natürlich ebenso unsinnig. Man muß ihre Existenz ganz einfach anerkennen und sie vorbeiziehen lassen. Wenn man sie auf diese Weise gewähren läßt und nicht stärkt, verlieren sie ihre Schärfe, und unsere unbewußte Konzentration auf unseren Atem und den Schießvorgang macht uns unangreifbar für sie, sie können keine Macht mehr über uns gewinnen. Wir können sie dann «wie welkes Laub betrachten, das vom Winde gespannter Aufmerksamkeit zerstreut wird»[13].

In seinem berühmten *Pi-yen-lu* (jap. *Hekiganroku*) aus dem 12. Jahrhundert vergleicht der chinesische Zen-Meister Yüan-wu einen in rationalem Denken befangenen Menschen treffend mit einem Lackkübel, denn ein solcher überzieht sich nach längerem Gebrauch so dick mit Lack, daß von seinem Holz und seiner ursprünglichen Form bald nichts mehr zu sehen ist. Ebenso überzieht der zähe Irrtum der Befangenheit im rationalen Denken die reine ursprüngliche Natur des Menschen.[14] Nicht der Ausspruch von Descartes: «Ich denke, also bin ich», sondern, wie D. T. Suzuki vorschlägt, «Ich denke es, denn ich bin es», sollte uns auf unserer Suche nach unserem eigentlichen Selbst als Richtschnur dienen. Diese Suche ist die Suche nach dem Mikrokosmos des Universums, dem Bild des Tao, in dem sich alles widerspiegelt. Darin liegt kein Anspruch, mehr zu werden, als wir von Natur aus sind. Wir müssen nur lernen, zu akzeptieren, daß wir mehr sind, als wir wissen.[15]

Intentionales Denken während des Schießvorgangs ist unumstritten von Übel. Daß jedoch nach der Übungsstunde reflektierendes Denken über das Schießen und Fehleranalyse notwendig sind, versteht sich von selbst. Nach Möglichkeit sollte diese Selbstkritik in Verbindung mit meditativer Praxis geschehen, zum Beispiel in der Haltung der «sitzenden Versunkenheit», des sogenannten Zazen, der Meditationsform des Zen-Buddhismus. Darüber hinaus sollten immer der Meister oder erfahrenere Schützen zu Rate gezogen werden, wenn der Schütze seine innere und äußere Haltung nicht selbst korrigieren kann.

Wir wollen noch einmal auf eine weitere Modalität des Tao eingehen, das bereits im Kapitel über den Atem und das Atmen angesprochene Wu-wei, das Ohne-Tun oder Nicht-Tun. Wie das Nicht-Denken ist auch das Wu-wei zugleich Mittel und Ziel des Weges. Wir sahen, daß das Nicht-Denken nichts mit trägem, nur vegetativen und gedankenlosen Dahindösen zu tun hat. Ebensowenig meint, wie wir gesehen haben, Nicht-Tun faules, passives Nichtstun. Meist äußert sich dieses aktive Nicht-Tun in spontanem Handeln, das als eine Art nicht unterscheidender Vollbewußtheit schöpferischer Intuition beschrieben werden kann. Ein solches Tun zeigt, daß der so Handelnde nicht von seinem kleinen Ego-Ich dazu motiviert wurde, sondern daß diesem Handeln das Aufgehen unseres wahren Selbst aus unserem eigenen Urgrund als Basis dient. Ein solcher Schüzte ist mit der jeweiligen Situation und ihren praktischen Anforderungen völlig eins geworden, das Tun eines solchen Menschen ist ein aus seinem und dem Tao des Kosmos hervorquellendes spontanes Tun.

Ein Bogenschütze, dessen Bewegungen aus einem Geist resultieren, der in seiner Unbeweglichkeit einem alten stillen Teich gleicht, wird jede der nötigen Aktionen direkt seinem Innen, seinem eigentlichen Selbst entströmen lassen, ohne sie in irgendeiner Weise bewußt zu steuern. Sein Hantieren mit dem Bogen ist absolutes Tun, und in diesem Sinne handelt er, ohne zu tun. In diesem absoluten Ruhen in sich selbst, im eigenen Urgrund, haben die bestechende Ausstrahlung und erfrischende Individualität sowie die beeindruckende Treffsicherheit echter Bogen-Meister ihre letzte Wurzel. Sie handeln nicht mehr, sondern sie lassen das Handeln aus sich selbst ungehindert hervortreten. All ihre Bewegungen fließen aus den Anforderungen dieser Bewegungen, zwischen ihrem wahren Selbst und dem Bogen ist nicht mehr Platz für auch nur das dünnste Stück Papier – Schütze, Bogen und Ziel sind ein Ganzes. Bei Chuang-tzu lesen wir im 18. Buch:

Höchstes Glück und Wahrung des Lebens ist nur durch Nicht-Handeln zu erhoffen. Ich darf wohl noch weiter darüber reden. Der Himmel gelangt durch Nicht-Handeln zur Reinheit; die Erde gelangt durch Nicht-Handeln zur Festigkeit. Wenn so die beiden in ihrem Nicht-Handeln sich einigen, so entsteht die Wandlung aller Geschöpfe. Unsichtbar, unfaßlich sind im Nicht-Sein die Ideen. Alle Geschöpfe in ihrer unerschöpflichen Fülle wachsen aus dem Nicht-Handeln hervor. Darum heißt es: Himmel und Erde verharren im Nicht-Tun, und nichts bleibt ungetan. Und unter den Menschen, wer vermag es, das Nicht-Tun zu erreichen?[16]

Ein Schütze, der das Nicht-Denken denkt und das Ohne-Tun tut, ruht unerschütterlich im Nicht-Sein, in seiner vollen Leere. «Höchstem Glück» und der «Wahrung des Lebens» braucht er nicht mehr geschäftig nachzujagen. Jeder Schuß, den er löst, offenbart, daß er, ohne dies äußerlich großartig darstellen zu müssen, dieses Stadium erreicht hat. So, wie er während des Schießens aus dem Einssein mit sich und den Erfordernissen des Bogens handelt, ohne zu handeln – das heißt, ohne gewollt zu handeln –, so wird er auch im alltäglichen Leben jeden absichtsvollen Eingriff, jedes Lenken-Wollen der Dinge vermeiden. Das, so weiß er, ist unweigerlich zum Scheitern verurteilt und bleibt bestenfalls sinnloses, dem Oberflächlichen verhaftetes Machen. Beim Schießen wie im Alltag handelt er ohne sein kleines Ich, handelt er spontan.

Bushidō – der Weg des Kriegers

Dieses Kapitel befaßt sich mit dem Einfluß, den das Zen auf die Kriegerklasse Japans ausgeübt hat. Deren «heiligste» Waffe war das Schwert, obwohl der Bogen früher eigentlich weitaus häufiger verwendet wurde. Daher ist hier vom Bogen speziell wenig die Rede, wobei jedoch alles, was über den Weg des Schwerts gesagt wird, auch für den Bogen in der Hand des japanischen Kriegers sowie für alle anderen Kampfwege gilt.

Das Bogenschießen, die Kunst des Schwertkampfes ebenso wie die von taoistischen und zen-buddhistischen Gedanken durchdrungenen Künste vom Tee-Weg bis zum Weg der Schreibkunst haben ihren Ursprung nicht in Japan, sondern im alten China. Erst nachdem diese Kampfkünste und schönen Künste, die im wesentlichen meditativen Zwecken dienten, in China vom Geist des Taoismus und Zen durchdrungen worden waren, sind sie über Korea nach Japan gelangt. Sogar die Kunst der weichen Selbstverteidigung, das Jūdō, obwohl offiziell in Japan ins Leben gerufen, geht in ihrem geistigen Gehalt auf den chinesischen Taoismus zurück. Diese Kampfkünste und Künste sind in ihren geistigen Grundlagen also keineswegs etwas originär Japanisches. Typisch japanisch sind nur ihre Kultivierung, Verfeinerung und vor allem praktische Nutzbarmachung.

Der Begriff Bushidō setzt sich zusammen aus *bu* (Kampf, Kunst des Kämpfens), *shi* (Krieger) und *dō* (Weg). Bushidō meint demnach den «Weg des Kriegers», der allerdings originär japanisch ist. Einen solchen Weg, der in Japan durch die Kriegerkaste der Samurai getragen wurde, hat es in China nie gegeben. Dort kannte man keine Kasten im engeren Sinn, und die Krieger wurden nur sehr gering geachtet, ja eher gemieden und verachtet. Bekanntlich standen in Japan dagegen die Krieger jahrhundertelang an der Spitze der gesellschaftlichen Hierarchie und bestimmten das politische Geschehen. Noch heute ist stolz, wer seinen Stammbaum auf einen Samurai-Klan zurückführen kann.

Die Kampfkünste insgesamt werden im Japanischen Budō genannt und sind unter dieser Bezeichnung auch im Westen bekannt. Wenn sie auch kein originär japanisches Kulturgut darstellen, sind sie doch in Japan eine enge Verbindung mit der Kriegerkaste und ihrem Ehrenkodex, dem Bushidō, eingegangen und haben hier ihre prägnanteste Konkretisierung und Anwendung in der Praxis erfahren. Koreanische Experten betonen, daß das Schriftzeichen für *bu* ursprünglich nicht als Kampf oder Kampfkunst, sondern – ganz im Sinne von Taoismus und Zen – als *mu*, nämlich als «Leere» zu lesen sei. Demnach wären alle Budō-Arten eigentlich Mudō-Arten, «Wege der Leere» oder «Wege zur Leere», eine Bezeichnung, die ihrem tiefen geistigen Gehalt voll und ganz gerecht würde.[1]

Die Bezeichnung Bushidō scheint erst in der frühen Tokugawa-Zeit (1603–1868) geprägt worden zu sein, als die Kriegskunst der Bushi (auch Buke, Krieger) während dieser langen Friedenszeit nicht mehr ausschließlich dem Überleben diente, sondern allmählich zu einer Art Zeitvertreib zu degenerieren drohte. Dies ließ die schriftliche Niederlegung des gesamten Verhaltenskodexes der Bushi notwendig erscheinen. Bezeichnenderweise wurden während dieser Zeit gleich mehrere auf die Ehtik des Kriegerstandes bezogene Werke veröffentlicht. Dazu gehört eines von Yamaga Sokō (1622–1685), der enge Beziehungen zu dem Daimyō Kira hatte. Dieser spielte eine Hauptrolle in der in Japan schon jedem Kind bekannten Affäre der «siebenundvierzig Rōnin». Diese Rōnin (herrenlose Samurai) vertraten bis zur letzten, abwegig erscheinenden Konsequenz der Rache und des rituellen Selbstmordes, des Seppuku (in niederer Umgangssprache auch Harakiri, Bauchaufschneiden, genannt), das konfuzianistische, besonders vom späteren Neokonfuzianismus betonte Prinzip absoluter Loyalität (Chū) gegenüber dem oder den Oberen. In Japan ging dieses Prinzip eine nahezu nahtlose Verbindung mit den shintoistischen Prinzipien der religiösen Verehrung von Land und Kaiser ein, eine Verbindung, die bestimmend wurde für den Ehrenkodex der Samurai-Kaste.

Die Bezeichnung Samurai leitet sich her aus dem Wort *saburau* (dienen, aufwarten). Während der Heian-Zeit (794–1192), der Blütezeit höfischer Kultur in Japan, war eines der dringendsten politischen Probleme das der Steuereinnahmen. Dies war eine Folge der Kämpfe gegen die Ainu, die Ureinwohner Japans, und der enorm wachsenden Ausgaben des Hofes.

Im 9. Jahrhundert mußten unter dem Tennō (Kaiser) Kammu wegen überhandnehmender Plünderungen die oft unterirdisch angelegten Depots und Magazine, in denen die Steuerabgaben gespeichert wurden, durch besondere Wachmannschaften gesichert werden. Aus diesen Wachmannschaften und solchen, die für die Sicherheit der kaiserlichen Gemahlinnen, Prinzen und des hohen Adels zu sorgen hatten, sowie aus den gegen die Ainu eingesetzten Truppen entwickelte sich allmählich die japanische Kriegerkaste. Als oberste Kaste – unter ihr rangierten die Kasten der Bauern, Handwerker und Kaufleute – bestimmte sie die Geschicke des Landes bis zur Öffnung Japans im Jahre 1868 maßgeblich. Ihr Geist ist darüber hinaus in vielen Lebensbereichen noch heute lebendig.

Die beiden Ausdrücke Bushi (Krieger) und Samurai (Dienender, Aufwärter) wurden bald gleichbedeutend zur Bezeichnung dieser

Kriegerklasse benutzt. Die Verhaltensregeln der Samurai, die sich etwa vom 8. bis 11. Jahrhundert herausgebildet haben und dann im 17. Jahrhundert schriftlich fixiert wurden, waren von denen der übrigen Gesellschaftsschichten völlig unterschieden, obwohl nicht nur Samurai den Idealen des Bushidō nacheiferten.

Als erstes hatte ein Samurai natürlich die Kriegskünste zu erlernen, worunter anfangs vor allem die Kunst des Bogenschießens verstanden wurde, die bis zum 12. Jahrhundert im Kampf weit häufiger Verwendung fand als das Schwertfechten. Außer in diesen beiden Disziplinen mußte er seine Meisterschaft auch in der Kunst des Reitens und Bogenschießens zu Pferde unter Beweis stellen. Weiterhin wurde Sparsamkeit von ihm gefordert, ein Wesenszug, der sich für viele der unteren Samurai oft von selbst ergab. Aufgrund des Verbots körperlicher Arbeit und des Handeltreibens, von häufigen Landumverteilungen, Teuerungen und Inflation mußten sie sich oft genug unter ärmlichsten Verhältnissen durchschlagen, nicht selten als Wegelagerer und Räuber.

Die Forderung nach Rücksichtnahme und Gerechtigkeit gesellte sich im Ehrenkodex der Samurai zu der Forderung, unter keinen Umständen seine Gefühle zu zeigen oder sich gar in irgendeiner Form anstößig zu benehmen. Liebe zu Frauen, anders als Liebe zwischen Männern, war verpönt und galt als ein Zeichen von Weichlichkeit. Ein Samurai vermied es daher, öffentlich mit Frauen zu verkehren, was ihn allerdings nicht hinderte, ihre Dienste in Bordellen und Teehäusern in Anspruch zu nehmen. Hier unterscheidet sich der Samurai übrigens deutlich von seinem europäischen Gegenstück, dem mittelalterlichen Ritter mit seiner hochstilisierten Minne und Frauenverehrung.

Die in unserem Zusammenhang bedeutendste Tugend, die von einem Samurai erwartet wurde, war Gelassenheit gegenüber dem Tode. Für alle von ihm geforderten Tugenden fand er im Buddhismus, besonders im Zen, die entsprechende theoretische und religiöse Lehre, die ihm außerdem die erfolgversprechendsten praktischen Mittel zur Verwirklichung seiner Ideale in die Hand gab. Bis dahin hatte das Zen, ebenso wie der Taoismus, auf dessen Boden es heranwuchs und zur Blüte gedieh, niemals etwas mit kriegerischen Traditionen zu tun gehabt. Chinesische Zen-Mönche und Taoisten lehnten jede Form von Gewalt und Kampf rigoros ab. Allenfalls als Selbstverteidigung im äußersten Notfall wurde derartiges bis zu einem gewissen Grad toleriert, wobei zwar die Gefahr für das eigene Leben abgewehrt werden, nicht aber das Leben des Angreifers vernichtet werden sollte. Der japanische Buddhismus hingegen ist, mit Ausnahme seiner Zen-Schulen, von jeher machtorientiert gewesen und hat selbst aus Samurai und Mönchen gebildete Söldnerheere für seine Zwecke eingesetzt. Erst im 16. Jahrhundert konnten diese Armeen durch Oda Nobunaga und Toyotomi Hideyoshi endgültig geschlagen werden. Zwar waren Zen-Klöster an solchen Entartungen nicht beteiligt, das japanische Zen hat jedoch der Kriegerkaste, wenn auch nicht von ihm selbst aktiv initiiert, erhebliche geistige Hilfestellung geleistet. Es konnte ja auch erst durch seine Verbindung mit der Militärregierung der Kamakura-Zeit in Japan Fuß fassen.

Japan ist seit jeher ausschließlich an der praktischen Verwertbarkeit allen importierten Ideenguts interessiert. Niemals wurde bisher ein Gedankensystem als Ganzes übernommen; man geht immer selektiv vor, indem man nur die Bestandteile des Ganzen über-

nimmt, die nützlich und praktisch verwertbar erscheinen. Diese
Teile werden dann so modifiziert und den eigenen Verhältnissen
angepaßt, daß sie den japanischen Gegebenheiten entsprechend
brauchbar werden und dabei doch das bisher Bestehende und
Bewährte nicht radikal in Frage stellen. So übernahm man auch den
Konfuzianismus nicht als Ganzes, sondern wählte die Ideen aus, die
brauchbar schienen und sich relativ reibungslos integrieren ließen.
Dazu gehörten insbesondere das Chū (Loyalität) und das Kō
(Pietät), wobei das Kō nicht auf die konfuzianistische Kind-Eltern-
Pietät beschränkt blieb, sondern in Japan bald auf die Beziehung
zwischen «oben» und «unten» erweitert wurde.

In Japan sehen wir uns dem Paradox gegenüber, daß hier zwei
durch und durch an Gewaltlosigkeit orientierte philosophisch-
religiöse Richtungen, der Taoismus und das Zen, begeisterte Aufnahme in einer Gesellschaftsschicht finden, deren ureigenstes
Handwerk ausgerechnet das Töten ist. Dieser Tatbestand läßt sich
durchaus als eine Art rücksichtsloser Utilitarismus betrachten, der
alles in erster Linie nach seiner praktischen Verwendbarkeit beur-
teilt und dementsprechend nur gelten läßt, was verwertbare Erfolge
verspricht und das in der Praxis auch unter Beweis zu stellen
vermag. Dieser Utilitarismus ist nach wie vor in allen Bereichen
japanischen Lebens und Denkens lebendig, besonders augenfällig in
wirtschaftlichen Bereichen. Japans Erfolge auf diesem Gebiet gehen
zum Teil auch auf diese nüchterne Einstellung gegenüber technologischen Anregungen aus dem Westen zurück.

Man sagt zu Recht, daß Japan «im Zen die Metaphysik erkennen
[mußte], die ihm von sich aus fehlte. Ohne sie gliche seine Psycho-
logie recht eigentlich einem Relativitätssystem von Attitüden,

Gesten und Zeremonien: Formalismen, in denen sich das Wesen zu erschöpfen schiene».[2] Das urjapanische Shintō konnte diesen Mangel, der zu einem erheblichen Teil auf konfuzianistischen Einflüssen beruht, nicht wirklich beheben. Den Samurai, der herrschenden Gesellschaftsschicht, konnte es, abgesehen von seinen Reinheitsgeboten, nicht viel mehr bieten als die mystisch-nationale Begründung ihres Tuns. Im Zen als praktischer, im Hier und Jetzt, in der absoluten Wirklichkeit des Augenblicks wurzelnder Mystik, fand der Samurai nicht nur den geistigen Hintergrund und die geistige Untermauerung seines Lebensweges, der ihn stündlich dem Tod gegenüberstellen konnte. Das Zen besaß darüber hinaus die spirituellen Methoden und Techniken, die ihm helfen konnten, diesen Weg erfolgreich zu bestehen, auch dann, wenn er am diesseitig-zeitlichen Ende dieses Weges stand – im Moment des Sterbens. Seine Erziehung und Ausbildung lehrten ihn, den Tod zu geben, aber ebenso, den Tod zu empfangen. Seine Übungen waren Übungen im Sterben ebenso wie im Töten. Diese entschlossene Ausrichtung auf den Tod erzog ihn zu Ernst und Würde, die nicht mit konfuzianistischer Steifheit, sondern mit nachtwandlerisch sicherer Beweglichkeit verbunden waren.[3]

Die Berührung des Zen mit der Kriegerklasse Japans begann mit Eisai Zenji, einem ehemaligen Mönch des auch politisch mächtigen Tendai-Buddhismus. Auf zwei Reisen nach China suchte er neue Anregungen, um den stagnierenden japanischen Buddhismus wieder zu beleben, und fand dabei im chinesischen Zen eine neue geistige Heimat. Er verließ die Tendai-Schule und übertrug das Zen nach Japan, wo er in Hakata (Kyūshu) das erste Kloster der Rinzai-Schule des Zen gründete. In Kyōto, das von den inzwischen in komplizierten Ritualen, politischer Einflußnahme und anderen Äußerlichkeiten erstarrten buddhistischen Schulen Tendai und Shingon beherrscht wurde, konnte er zwar den Zen-Tempel Kennin-ji gründen, es gelang ihm jedoch nicht, wirklich Fuß zu fassen.

Schließlich wich er nach Kamakura aus, dem Zentrum der Kriegerklasse und Sitz der Shōgunatsregierung, seit Minamoto Yoritomo 1192 den Tennō und sein Kaiserhaus politisch entmachtet hatte. Dank der Unterstützung durch den Shōgun Yoriie (reg. 1199–1203) wurde Eisai dort relativ schnell anerkannt. Von nun an begann das Zen über die Kriegerklasse ungeahnten Einfluß auf die japanische Kultur zu gewinnen. Träger dieser Durchdringung japanischen Denkens durch das Zen waren während der Kamakura-Zeit weitgehend die Samurai. Der Einfluß des Zen erfaßte aber noch in dieser Periode auch zahlreiche, den Kriegern im Grunde relativ fremde Bereiche in Kunst und Literatur. In der nachfolgenden Ashikaga- oder Muromachi-Zeit (1333–1568) erreichte dieser Prozeß seinen Höhepunkt, so daß nun praktisch die gesamte damalige Kultur Japans vom Gedankengut des Zen nicht mehr zu trennen war.

Kritiker werfen dem Zen zuweilen vor, es sei äußerst anfällig für Mißbrauch, könne von den verschiedensten weltanschaulichen und politischen Richtungen relativ einfach für deren Zwecke eingesetzt werden. D. T. Suzuki, immerhin einer der bedeutendsten Wegbereiter des Zen im Westen, bestätigt diesen Sachverhalt und meint, Zen könne «sich mit anarchistischen oder faschistischen, kommunistischen oder demokratischen Idealen, mit jedem politischen oder wirtschaftlichen Dogma befreunden».[4] Wenn dem nicht so wäre, hätte Zen nämlich eines seiner wesentlichsten Merkmale verloren, seine absolute Freiheit, die es auch daraus gewinnt, daß es sich eben nicht durch ein geschlossenes Lehrgebäude, ein in sich «schlüssiges» System und den dazugehörigen Kanon von unflexiblen Begriffen und Leitsätzen selbst die Hände bindet.

Das Zen bleibt offen für jeden und alles, kann unmöglich in ein Schema gepreßt werden. In diesem Sinne ist es sogar revolutionär, im positiven Sinne anarchistisch, da es alle weltanschaulichen und politischen Fesseln rücksichtslos sprengt. Es bietet *jedem* Menschen die Möglichkeit, sich selbst als Mensch in seinen kosmischen Zusammenhängen zu verwirklichen. Die im Verlauf dieses Prozesses erlangten geistig-körperlichen Fähigkeiten sind selbstverständlich in jeder Lebenssituation dienlich. Ob man ein Krieger oder Künstler ist, der einen oder der anderen Weltanschauung nahesteht, bleibt belanglos – mit der bedeutsamen Einschränkung allerdings, daß der Übende, der sich noch an eine der genannten Richtungen gebunden fühlt und in irgendeiner Form abhängig von ihr ist, niemals eine höhere Stufe auf dem Zen-Weg erreichen kann. Das Zen verhilft uns nur dazu, uns als *Mensch* in unserem innersten Wesen zu erkennen; die Befreiung, die es anstrebt, ist unter anderem auch die von Weltanschauungen und Ideologien.

Obwohl auch ein Samurai, der sich im Zen übt, sich als Bogenschütze oder Schwertkämpfer auch darin übt, besser töten zu können, gilt gerade der Kämpfer, der am Leben bleibt, ohne den Pfeil zu lösen, als der wahre Zen-Krieger. Es läßt sich jedoch nicht leugnen, daß die aus den Zen-Übungen erwachsenen Fähigkeiten im Falle des Kriegers zur Vernichtung von Leben benutzt wurden, und kein japanischer Zen-Meister hat sich jemals aktiv dagegen gewandt. Allerdings hat auch niemals ein Zen-Meister zum Töten ermutigt.

Anders der chinesische Taoismus, der von vornherein jede Art von Gewalt, Kampf und Töten kritisiert, da solche Handlungsweisen dem taoistischen Grundsatz des Wu-wei widersprechen. Wenn jemand äußerlich handeln muß, das heißt, wenn sein Handeln nicht in den Tiefen seines Seins wurzelt, hat er versagt. Das *Tao-te-ching* des Lao-tzu warnt ausdrücklich vor der Anwendung von Waffengewalt und empfiehlt das Wirken durch Wu-wei:

Auch die schönsten Waffen sind Unglückswerkzeuge, alle Wesen verabscheuen sie. Darum, wer Tao hat, führt sie nicht. Ist der Weise daheim, dann schätzt er die Linke, braucht er die Waffen, dann schätzt er die Rechte. Waffen sind Unglückswerkzeuge, nicht des Weisen Werkzeuge. Wenn er es nicht vermeiden kann und sie braucht, sind ihm Frieden und Ruhe doch das Höchste. Er siegt, aber ungern. Es gern tun, ist: sich freuen, Menschen zu töten. Wer sich freut, Menschen zu töten, kann sein Ziel in der Welt nicht erreichen. Bei erfreulichen Handlungen bevorzugt man die Linke, bei schmerzlichen Handlungen bevorzugt man die Rechte. Der Unterfeldherr steht links, der Oberfeldherr steht rechts, um anzuzeigen, er stehe wie bei der Leichenfeier. Wer viele Menschen getötet, beweine sie mit Trauer und Wehklage. Wer im Kampfe gesiegt, der stehe wie bei der Leichenfeier.[5]

Auch im Falle des Sieges soll sich also der Hauptverantwortliche auf die rechte Seite, die bei allen unerfreulichen Handlungen als angemessen galt, begeben. Es besteht kein Anlaß zu Freude und Jubel, denn er weiß, in diesem Fall ist es ihm nicht gelungen, nach den Grundsätzen des Tao-Menschen zu handeln:

> …weil er nicht streitet,
> darum vermag keiner in der Welt
> mit ihm zu streiten.[6]

Der Tao-Mensch siegt, ohne zu streiten. Obwohl auch Taoisten sich in Kampfsportarten übten, haben sie nie selbst aktiv in wirkliche Kampfhandlungen eingegriffen. Ihre Übungen mit Bogen, Schwert oder anderen Waffen waren ihnen Methoden der Meditation, Mittel auf dem Wege des Tao und nicht Mittel zum Überleben. Hier liegt einer der Hauptunterschiede zwischen chinesischen Taoisten und Zen-Buddhisten und den japanischen Zen-Kriegern. Jene nahmen das Prinzip des Wu-wei ernst, diese benutzten es bewußt als Mittel zum Überleben, als Mittel, das sie befähigen sollte, dem Tod furchtlos, kalt und ungerührt gegenüberzutreten und aus dem Bewußtsein vollster Leere heraus zu sterben oder zu überleben. Ein wesentlicher Grund, weshalb in China das Prinzip des Wirkens durch Nicht-Tun und das der vollen Leere im Kriegerstand kaum Eingang finden konnte, liegt darin, daß es hier keinen zum Ethos hochstilisierten Ehrenkodex der Krieger gab, in den diese Grundsätze hätten eingefügt werden können. Außerdem waren die Krieger, wie schon erwähnt, im allgemeinen eine gemiedene Gruppe.

Der Kodex der japanischen Samurai hingegen hatte sich schon seit dem 9. Jahrhundert entwickelt und ist seit der Kamakura-Zeit vom Zen beeinflußt und zum Teil erst durch Zen zu dem geworden, was wir heute unter Bushidō verstehen.

Erst seit im Bereich der Kampfkünste der Aspekt des Tötens, wenigstens nach außen hin, auch in Japan keinen Stellenwert mehr hatte, konnten diese Wege des Kampfes (Budō) auch hier wieder zu dem werden, was sie in China seit jeher waren: Wege zum Selbst des Übenden. Dieser Prozeß konnte beim Kyūdō wesentlich früher einsetzen als bei dem bis ins Extrem symbolträchtigen Schwert. Immer wieder zitierte Aussprüche wie «Das Schwert ist die Seele des Samurai» zeugen von einem Schwertkult, der erst nach Ende des Zweiten Weltkrieges wenigstens in seinen gröbsten Auswüchsen zurückging, in gemäßigter Form jedoch heute noch fortlebt. Das Schwert, anders als der Bogen, fand ja auch nach der Einführung der Feuerwaffen durch die Portugiesen im 16. Jahrhundert weiterhin im Nahkampf Verwendung. Der Bogen war spätestens seit Beginn des 17. Jahrhunderts als Kriegswaffe überflüssig geworden und fand von nun an in Sport, Spiel, vor allem aber in religiösen und volkstümlichen Zeremonien und eben als Weg Verwendung.

Wir sagten, Erziehung und Ausbildung der Samurai seien, neben der Übung von technischen Aspekten, vor allem Übungen im Sterben-Können und Töten-Können gewesen. Wegen seiner Ablehnung jeglicher intellektueller Spekulation, seiner Gradlinigkeit in Denken und Handeln, seiner praktischen Diesseitsbezogenheit und seiner zuweilen recht rauhen und harten Schulungspraktiken fühlten sich die nüchternen Bushidō-Krieger zum Zen hingezogen. Besondere Bedeutung hat für den Samurai jedoch die Auffassung des Zen, daß Leben und Tod im Grunde ein und dasselbe sind. Gerade diese Auffassung half ihm sowohl effektiver zu kämpfen als auch ehrenvoll zu sterben. Sein Zen-Training befähigte ihn dazu, der größten Schmach, die einen Samurai treffen konnte, zu entgehen: der Feigheit und Angst.

Leben und Tod können nach Auffassung des Zen nicht getrennt voneinander gedacht werden. Der Tod hat das Leben zur Grundlage und das Leben den Tod – eins ist im anderen enthalten, beides durchdringt und bedingt sich. Es ist für den Bogenschützen oder Schwertkämpfer müßig, seine Gedanken an den Tod und damit zusammenhängende Fragen zu verschwenden. Derartige Überlegungen würden die ungeteilte Aufmerksamkeit, die Grundlage effektiven Kämpfens, verhindern oder zumindest ernsthaft beeinträchtigen. Außerdem zeigen solche Gedanken, daß der Schütze noch völlig von seinem kleinen Ich beherrscht wird. Dieses Kleben am äußerlichen Ich, das auf dieser Stufe noch mit dem eigenen Leben gleichgesetzt wird, bedingt oft genug Angst vor dem Tod. Bis zur Feigheit ist es dann nur noch ein winziger Schritt, wenn der Samurai nicht in kopflose Tollkühnheit, die ebenso verachtet wurde, flüchtet.

Hōjō Tokimune, der als erster Shōgun die Trainingsmethoden der Samurai verstärkt nach Zen-Prinzipien ausrichtete und unter dem Japan die Mongoleninvasionen von 1274 und 1281 dank der Götterwinde (Kamikaze), die die Mongolenflotten versenkten, erfolgreich bestand, soll einmal den Zen-Meister Bukkō Kokushi (jap. *kokushi*: «Lehrer der Nation») um Aufklärung über das Problem der Feigheit gebeten haben. Hier das Gespräch der beiden:

Tokimune: «Der ärgste Feind in unserem Leben ist Feigheit. Wie vermag man ihr zu entrinnen?»
Bukkō: «Schneide den Ursprung der Feigheit ab!»

T: «Und was ist ihr Ursprung?»

B: «Es ist Tokimune selbst.»

T: «Von allen Dingen ist mir die Feigheit am tiefsten verhaßt. Wie kann sie denn aus mir selber kommen?»

B: «Versuche, wie es dir ergeht, wenn du dein geliebtes Ich, das Tokimune heißt, von dir wirfst! Ich will dich wiedersehen, wenn du das vollbracht hast.»

T: «Und wie kann dies vollbracht werden?»

B: «Schließ allen Gedanken das Tor!»

T: «Wie kann ich die Gedanken aus meinem Bewußtsein ausschließen?»

B: «Setze dich mit gekreuzten Beinen in Versenkung und schaue den Ursprung all deiner Gedanken an, von denen du meinst, sie seien Tokimunes Gedanken.»

T: «Ich habe für so viele Dinge der Welt zu sorgen, und es fällt mir schwer, einen Augenblick der Muße für die Versenkung zu finden.»

B: «Was immer für Dinge der Welt dich beschäftigen, nimm sie als Anlaß zu innerlicher Betrachtung, und eines Tages wirst du erkennen, wer dieses Ich, dieser geliebte Tokimune ist.»[7]

Feigheit und Angst haben ihre Wurzeln im kleinen Ich. Erst wer das erkannt und erfahren hat, kann, wenn er sich dementsprechend übt, ein Stadium erreichen, das ihn über Leben und Tod erhebt. Gelegenheit zu diesem Üben kann jede alltägliche Verrichtung sein – das Zen wurzelt im Hier und Jetzt. Unser Eingebettetsein in das Wirken des Kosmos macht jede Angst und Furcht vor dem Tod überflüssig. Viele Menschen scheinen nicht viel mehr als Bündel von

Furcht und Schuldgefühlen ohne wirkliche Lebensfreude zu sein; das hat seine tiefste Wurzel in der Unkenntnis dieses Zusammenhangs. Sie fühlen sich ihr Leben lang als Fremde auf dieser Erde, als aus der Finsternis in dieses Leben «geworfen», aus dem sie nach Ablauf einer lächerlich kurzen Zeitspanne wieder ins Dunkel zurückkehren müssen. Das Leben zu bejahen, setzt die Bejahung des Todes voraus und dazu die Erkenntnis, daß wir nie «geboren», in diese Welt «geworfen» wurden, sondern in Ewigkeit aus und in ihr existieren. Geburt und Tod sind nur besondere Erscheinungsformen eines Lebens ohne Anfang und ohne Ende, Umwandlungen von einer Erscheinungsform in eine andere. Jeder Anfang kann als Ende und jedes Ende als Anfang gelten. Wozu also noch Furcht vor dem Tod, der, so betrachtet, keinerlei Schrecken hat, sondern wie die Geburt das Natürlichste von der Welt ist?

Wie jeder andere Mensch, der das begriffen hat, ist ein wirklicher Samurai frei von jeder Furcht. Für ihn gibt es keinen Grund, sich krampfhaft am Leben festzuklammern. Damit ist er auch frei von der Gefahr, gegen das oberste Gebot seiner Kaste – niemals Feigheit oder Furcht zu zeigen – zu verstoßen. Ob heute oder morgen der letzte Tag in diesem Leben ist, kann ihn nicht mehr bekümmern, er ist jeden Tag bereit. Tief in seinem Innen, im Unbewußten, hat er die wunderbare Einheit von Leben und Tod erkannt. Damit ist die Begrenzung durch das oberflächlich Individuelle, die Quelle von Furcht und Feigheit, von ihm abgefallen.

Uesugi Kenshin (1530–1578), Samurai und Feldherr im kriegsbewegten 16. Jahrhundert, ermahnte seine Gefolgsleute:

Die am Leben haften, werden sterben, und die den Tod verach-

ten, werden leben. Auf das Innere kommt es an. Schaut hinein in
das Innere, haltet es fest, und ihr werdet erfahren, daß in euch
etwas lebt, das jenseits von Geburt und Tod besteht und weder im
Wasser ertrinken noch im Feuer verbrennen kann. Ich selbst habe
die Erkenntnis dieses Samādhi gewonnen und weiß, was ich euch
sage. Wer sein Leben nicht hingeben und den Tod nicht erwählen
mag, ist kein wahrer Krieger.[8]

Im *Hagakure*[9] aus dem 17. Jahrhundert lesen wir von einem
einfachen Samurai, der an den großen Schwertmeister Tajima-no-
Kami herantrat und ihn um Unterweisung in der Kunst des
Fechtens bat. Der Meister wollte wissen, unter wem er sich bisher
geübt habe. Auf die Antwort des Samurai, er verstehe absolut nichts
von dieser Kunst, entgegnete Tajima-no-Kami, er sehe ganz deutlich, sein Gegenüber sei bereits ein Meister; er solle ihn also nicht
verspotten. Der junge Samurai erklärte daraufhin, er habe sich
bisher nur derart geübt, daß er sich seit Jahren mit der Frage des
Todes auseinandergesetzt habe und diese Frage ihn nun nicht mehr
berühren könne. «Genau das ist es!» rief der Meister; das Geheimnis
der Schwertkunst liege gerade darin, vom Gedanken an den Tod
befreit zu sein. Und so erklärte er den jungen Samurai auf der Stelle
zum Meister.

Der Samurai liebt das Leben wie jeder andere Mensch auch, eine
Tatsache, die oft außer acht gelassen wird, wenn man von der
«Todesverachtung» dieser Krieger spricht. Der einzige Unterschied
besteht darin, daß sie aufgrund ihres Zen-Trainings nicht mehr um
jeden Preis an ihrem kleinen individuellen Leben festhielten. Die
Einsicht in das Wesen eines größeren, Geburt und Tod umfassen-

den Lebens ließ sie über die Frage von Leben und Tod hinauswachsen. Im übrigen war und ist es kein Privileg der Krieger, dieses Einswerden mit dem Kosmos und seinem Wirken zu erlangen und zu verwirklichen. Diese Einheit lebt in jedem Menschen, wenn auch oft verschüttet; potentiell kann jeder zu ihr vordringen. Der Samurai jedoch sah sich von Berufs wegen nahezu täglich mit dieser Frage konfrontiert. Der Anstoß, den Zusammenhängen von Leben und Tod auf den Grund zu gehen, war für ihn naturgemäß direkter und zwingender als für die meisten anderen Menschen. Es muß nicht betont werden, daß trotzdem nur eine kleine Minderheit der Krieger imstande war, tatsächlich bis zur letzten Wahrheit von Leben und Tod vorzudringen.

Im bereits erwähnten *Hagakure* finden wir zahlreiche Hinweise, die hervorheben, man könne den Kampf nicht gewinnen, wenn man auf das eigene Überleben konzentriert sei. Erst, wenn das an Leben und Tod hängende Bewußtsein von einem abgefallen sei, könne man von keinem Gegner mehr überwunden werden. Sicher war es diese Effektivität in der Praxis, auf welche sich die Anziehungskraft des Zen auf den Krieger gründete. Diese Effektivität half ihm, seine Samurai-Ehre zu wahren.

Ein Bogenschütze, der jenseits aller Gedanken an Leben und Tod zielt, ist jedem anderen Schützen, der diese Stufe nicht erreicht hat, schon allein deshalb überlegen, weil er voll und ganz auf seine Aufgabe, den Bogen zu handhaben, konzentriert sein kann. Kein Gedanke an ein Treffen-*Wollen* lenkt ihn ab. Seine Aufmerksamkeit ist ungeteilt auf sein Handeln, die Erfordernisse seiner Waffe und auf den Gegner gerichtet. Er realisiert die technischen Erfordernisse des Bogens automatisch, spontan und instinktiv. Nichts ist zwischen ihm und seinem Handeln, was Fluß und Spontaneität seiner Bewegungen hemmen könnte. Seine Wahrnehmungsfähigkeit ist nicht durch gewollt gelenkte Aufmerksamkeit begrenzt, die eine Einengung seiner ganzheitlichen Wahrnehmung zur Folge hätte. Bewußte, gelenkte Aufmerksamkeit wählt einzelne Bruchstücke der jeweiligen Situation aus und ignoriert andere Teile, kann die Situation nie als Gesamtes erfassen. Ein Schütze, der aus seiner «vollen Leere» heraus agiert, handelt aus ungeteilter Wahrnehmung heraus und wird, obwohl er nicht daran «denkt», mit unfehlbarer Sicherheit treffen. Das Problem liegt darin, jederzeit unabhängig von Einflüssen jeder Art fest in sich selbst zu ruhen, ohne Gedanken an das Ziel, ohne Ehrgeiz, völlig frei und bedingungslos – eben nur zu schießen. Nur *diese* Fähigkeit offenbart den Meister. Sein Treffen ist allein das Ergebnis der Fähigkeit, dieses hohe Niveau jederzeit realisieren zu können.

Der chinesische taoistische Philosoph und Bogenschütze Lieh-tzu (4. Jh. v. Chr.) gibt in seinem Werk eine recht interessante Schilderung dessen, was passieren kann, wenn zwei Bogenschützen gleichen Niveaus gegeneinander antreten: Keiner der aufeinander schießenden Schützen konnte den anderen verletzen, da sich ihre Pfeile auf halbem Wege trafen.[10]

Das eigentliche Zen verlangte vom Samurai, ganz in taoistischer Tradition, seine Waffen nicht als Mordinstrumente zu gebrauchen, sondern als Mittel auf dem Weg zum Selbst, zur eigenen Leere. Einst wurde der Schwertmeister Tsukehara Bokuden (1490–1572) während einer Bootsfahrt auf dem Biwa-See von einem hitzigen Samurai zum Kampf gefordert. Er entgegnete, seine Kunst bestehe darin, andere nicht zu besiegen, aber auch nicht besiegt zu werden –

zu siegen, ohne das Schwert zu ziehen. Der Samurai bestand auf seiner Forderung und Bokuden schlug vor, den Zweikampf auf einer kleinen Insel auszutragen, damit die anderen Bootsinsassen nicht gefährdet würden. Als das Boot die Insel erreichte, sprang der hitzige Samurai sofort an Land und zog seine Waffe. Bokuden aber überreichte dem Bootsmann sein Schwert, nahm ihm dann plötzlich das Ruder ab und stieß das Boot wieder in den See hinaus: «Das heißt Siegen ohne Schwert!» rief er dem verblüfft zurückbleibenden Samurai zu.

Eine andere Anekdote über Bokuden mag das taoistische Prinzip, Waffen nur im äußersten Notfall zu gebrauchen, vielleicht noch sinnfälliger verdeutlichen: Bokuden hatte drei Söhne, die sich wie er in der Kunst des Schwerts übten und nun durch eine Prüfung den Stand ihrer Fähigkeiten demonstrieren sollten. Bokuden schickte sie hinaus und legte ein Kissen so auf den Vorhang über der Tür, daß es beim Eintreten sofort herunterfallen würde, da man den Vorhang dann etwas anheben mußte. Er rief den ältesten Sohn herein. Der bemerkte das Kissen noch vor dem Eintreten, nahm es gelassen herab und legte es auf seinen eigentlichen Platz zurück. Bokuden legte es wieder über den Vorhang und rief seinen zweiten Sohn. Der berührte den Vorhang, das Kissen fiel herab, aber er fing es blitzschnell auf und legte es zurück. Auch beim dritten Sohn fiel das Kissen herab, aber noch bevor es den Boden berührt hatte, hieb er es mit dem Schwert entzwei. Bokuden belohnte den ersten Sohn mit einem schönen Schwert und meinte, er habe schon viel gelernt auf dem Weg des Schwertes. Dem zweiten Sohn empfahl er, noch viel zu lernen. Den dritten aber schalt er: «Dir sollte nie erlaubt werden, ein Schwert zu führen, denn du bist ein Unglück für die Familie!»

Jedes Kämpfen verstößt gegen das Wu-wei. Wenn aber eine Auseinandersetzung unumgänglich ist, soll auch dann noch eine Form des Ohne-Tuns angewandt werden, die des Zurückweichens, wie Lao-Tzu es empfiehlt[11], da jede der drei taoistischen Haupttugenden, Barmherzigkeit, Genügsamkeit und Sich-selbst-Zurückstellen, durch Angreifen gefährdet würde. Der Weichende siegt, indem er die Stoßkraft des Gegners ins Leere verpuffen läßt; die Kraft des Angreifers bringt diesen selbst zu Fall.

Eine weitere Form des Siegens ohne zu kämpfen, aber auch ohne zurückzuweichen oder auszuweichen, stellt für den Samurai die höchste und effektivste Stufe seiner Kunst dar: Der «wirkliche» Kampf ohne Waffe zeigt die Vollendung seiner Geisteskraft und Kampfkunst, die er aus der Meditationspraxis gewonnen hat. Diese Geisteskraft kann sich unter Umständen als eine geradezu dämonisch wirkende Stärke manifestieren, der einfach nicht mehr beizukommen ist. Das wohl faszinierendste Beispiel dafür findet sich in einem Buch des Zen-Meisters Taisen Deshimaru Rōshi:

Ein junger Zen-Mönch hatte einen wichtigen Brief in einer Stadt abzuliefern, wurde aber an der Stadtgrenze von einem Samurai aufgehalten, der geschworen hatte, die ersten hundert Männer, die vorbeikämen, zum Zweikampf herauszufordern; neunundneunzig hatte er schon besiegt. Der Mönch versprach zurückzukommen, wenn er seinen Auftrag erledigt habe. Bevor er sich dem Samurai stellte, suchte er seinen Meister auf. «In der Tat wirst du sterben», sagte dieser, «denn es gibt keine Chance für dich. Also brauchst du auch keine Angst vor dem Tode zu haben. Doch ich werde dich die beste Art zu sterben lehren: Du hebst dein Schwert über den Kopf, die Augen geschlossen, und wartest. Wenn du auf deinem Scheitel etwas Kaltes spürst, so ist das der Tod. Erst in diesem Moment läßt du die Arme fallen. Das ist alles.»

Mit diesem Rat seines Meisters begab sich der Mönch zum Duell. Er trat dem Samurai gegenüber, nahm sein Schwert in beide Hände, hob es über den Kopf und wartete, ohne Körper und Geist im geringsten zu bewegen. Diese Stellung überraschte den Samurai, da die Haltung seines Gegners weder Angst noch Furcht widerspiegelte. Mißtrauisch geworden, näherte er sich vorsichtig. Der Mönch blieb völlig ruhig, allein auf seinen Scheitel konzentriert. Der Samurai suchte einen Angriffspunkt, fand aber in der Konzentration seines Gegners nicht die winzigste Lücke. Er kam schließlich zu dem Schluß, der Mönch müsse ein ganz großer Schwertmeister sein – nur die großen Meister nehmen von Anfang an eine Angriffsstellung ein, und dieser stand noch dazu mit geschlossenen Augen unbeweglich wie ein Fels da. Der Mönch wartete und wartete, nur auf seinen Scheitel konzentriert. Der Samurai bekam es mit der Angst, wagte nicht mehr anzugreifen. Schließlich kniete er schweißgebadet vor dem Mönch nieder und bat ihn, ihn zu unterweisen; er habe noch nie einen Meister wie ihn getroffen.[12]

Die Kraft der Ausstrahlung, die jener Mönch durch seine Zen-Übung erlangt hatte, ließ den Samurai erstarren und erkennen, daß seine Kunst des Tötens sich nur auf eine, wenn auch hochstehende, technische Geschicklichkeit stützte. Gegenüber jemandem, der diese Technik durch die materialisierte Kraft seines Geistes zu transzendieren imstande war, mußte sie versagen. Das Herz des Mönchs war völlig frei und leer geworden, nichts und niemandem mehr verhaftet. Er war in sein kosmisch bedingtes Innen vorgedrungen, die Kraft seines Geistes und ihre Ausstrahlung konnten durch kein Hindernis mehr gehemmt werden. Das aus seinem Ursprung fließende Gleichgewicht der Kräfte des Mönchs bot dem Samurai keine offene Stelle für seinen Hieb.

Eine Welt wie die unsere scheint ohne Kampf und Streit nur schwer denkbar. Taoismus und Zen haben jedoch wenigstens einen Weg des Kampfes ohne Handgreiflichkeit, ohne Blutvergießen gewiesen, von dem sich durchaus lernen läßt ...

Kyūdō und Zeremonie

Um es gleich vorwegzunehmen: Wirkliches Kyūdō hat recht wenig mit zeremoniellen Dingen zu tun, soweit man darunter traditionsbedingte formelle Äußerlichkeiten versteht.

Einem nicht-japanischen Beobachter allerdings mögen der gesamte Schießablauf, die Art des Herantretens der Schützen an die Schußposition, der gesamte Bewegungsablauf mit seinen einzelnen Handgriffen, die harmonisierte Gleichzeitigkeit der Bewegungen, wenn in Gruppen geschossen wird, vor allem aber die künstlerische Formvollendetheit, die der gesamte Ablauf ausstrahlt, durchaus als etwas formal Zeremonienhaftes erscheinen.

Für das Kyūdō ebenso wie für die anderen Budō-Kampfkünste und Künste wie den Tee-Weg gilt jedoch, daß jedes Hängen am Zeremoniellen oder Formalen ein erbärmliches Steckenbleiben bedeutet. Zwar sind die einzelnen Bewegungen, Schritte und Handgriffe beim Bogenschießen in jeder Lehrrichtung formal festgelegt, aber wer sich lediglich darum bemüht, diese Formen zu erfüllen, bleibt unweigerlich in Äußerlichem stehen und wird nie zum Wesenskern des Kyūdō vordringen.

Heute findet man allerdings häufig auch bei japanischen Kyūdō-Schützen eine erstaunliche Überbewertung der zeremoniellen und formalen Gesichtspunkte, die aber sehr leicht durchschaubar ist: In rein Technischem steckengeblieben, versucht so mancher Schütze, sein mangelndes Vorwärtskommen im rechten Schießen, das Geist und Technik als Einheit begreift und als solche gemeistert haben will, zu kaschieren, indem er mit betonter Ernsthaftigkeit das vorgeschriebene Zeremoniell zu erfüllen bestrebt ist. Dann löst er nach dem ganzen Aufwand den Pfeil und – Fehlschuß, ein kläglicher Eindruck. Auch ein Zufallstreffer würde an diesem Bild nichts

ändern, sondern lediglich die Zufälligkeit dieses Treffers kraß
hervorheben und den Schützen in seinem Selbstbetrug nur noch
bestärken.

Die besondere Vorliebe Japans für das Formale und dessen
peinlich genaue Beachtung sind für dieses Land, dessen Gesellschaft
sich aus den verschiedensten Gruppen zusammensetzt und wo
individuelle Achtungsbezeugungen entsprechend der Gruppenzu-
gehörigkeit und der Position innerhalb dieser Gruppen abgestuft
werden, von geradezu lebenswichtiger Bedeutung. Die japanische
Gruppe ist nämlich eine relativ geschlossene, nach außen abge-
schirmte. Eine solche Gruppe kann nur funktionieren, wenn innerhalb der Gruppen weitgehend Harmonie herrscht. Um diese Harmonie aufrechtzuerhalten, wird ein von außen oft schwer durch-
schaubares, formales Gerüst als Richtschnur benötigt. Die Einzel-
teile und deren Zusammensetzung und Kombinationen sind jedem
Gruppenmitglied bekannt und gelten als fester Konsensus.

Als Japan seit dem 4. Jahrhundert Teile der konfuzianistischen
Ethik aus China importierte, nahm es – seinem bedingungslosen
Pragmatismus folgend – freudig auf, was der eigenen shintoistischen
Tradition entsprach, sie bestätigte, verstärkte und ihr einen philosophischen Unterbau versprach. Dazu gehörten insbesondere die
konfuzianistischen Vorstellungen von der Einheit von Natur und
Mensch sowie die der Loyalität und der Pietät. Anziehend war aber
auch das Neue und Fremde, das chinesische Hofzeremoniell mit
allen seinen Formen und Formeln; dies wurde zum Vorbild für die
höflichen japanischen Umgangsformen.[1]

Die konfuzianistische Hochschätzung von Form, Regeln und
Formalem, die den Schriften des Konfuzius zwar innewohnende,

aber nicht allein das Wesen des Konfuzianismus ausmachende Tendenz zur Überbewertung äußerlicher Formen und damit auch des Zeremoniellen, hat in Japan zu einer Loslösung dieser Formen von ihrem tieferen Gehalt geführt. Die äußerliche Form gilt plötzlich, im Grunde völlig unkonfuzianistisch, mehr als das, worauf sie eigentlich fußen sollte. Bei Konfuzius lesen wir:

> Der Meister sprach: «Bei wem der Gehalt die Form überwiegt, der ist ungeschlacht, bei wem die Form den Gehalt überwiegt, der ist ein Schreiber. Bei wem Form und Gehalt im Gleichgewicht sind, der erst ist ein Edler.»[2]

Das Ideal einer ausgebildeten Persönlichkeit beruht hier auf einer gleichmäßigen gegenseitigen Durchdringung einer ursprünglichen Stärke des moralischen Wesens und des ästhetischen Geschmacks. Wo Stärke des Wesens vorhanden ist, aber ohne diesen Geschmack, da haftet allen Äußerungen der Persönlichkeit etwas Hartes und Rauhes an. Wo aber der innere Gehalt einer einseitigen ästhetischen Geschmacksbildung aufgeopfert wird, da entsteht der Typus des geckenhaften Literatentums.

Hier stehen Form und Gehalt noch völlig im Gleichgewicht, eins bleibt ohne das andere unvollkommen, wenn es sich auch um ein mehr mechanistisches Gleichgewicht zu handeln scheint, ein Abwägen von Form und Gehalt. Die Tendenz zur Überbetonung des Formalen auch bei Konfuzius finden wir zum Beispiel im 15. Buch der «Gespräche» bestätigt:

> Der Meister sprach: «(Wenn einer) durch sein Wissen (ein Amt)

crreicht hat, aber es nicht durch seine Sittlichkeit bewahren kann, so wird er es, obwohl er es erlangt hat, verlieren. Wenn einer durch sein Wissen es erreicht hat, durch seine Sittlichkeit es bewahren kann, aber bei seiner Ausübung keine Würde zeigt, so wird das Volk ihn nicht ehren. Wenn einer durch sein Wissen es erreicht hat, durch seine Sittlichkeit es bewahren kann, bei seiner Ausübung Würde zeigt, aber es nicht entsprechend dem Gesetz der schönen Form bewegt, so ist er noch nicht tüchtig.»[3]

Oder an anderer Stelle: «Die Harmonie kennen, ohne daß die Harmonie durch die Form geregelt wird: das geht auch nicht.»[4]

Man fragt sich, was denn noch durch die Form geregelt werden muß, wenn doch bereits Harmonie erreicht ist. Harmonie kann doch nur meinen, daß Äußeres und Inneres sich in gleichgewichtiger Balance befinden und sich gegenseitig in harmonischer Weise ergänzen. Ein Sich-Besinnen auf die Form, die nun noch diese Gleichgewichtigkeit regeln, das heißt festigen müßte, würde doch unweigerlich das Natürliche der Harmonie zerstören und bestenfalls zu einer Art «vollkommener Künstlichkeit» führen. Über das Bogenschießen sagt Konfuzius: «Das Bogenschießen ist eine Übung in der Eleganz der Bewegung und in der Sicherheit der Hand.»[5] Auch hier (beim Wettschießen) kommt es nach Konfuzius darauf an, keine Leidenschaftlichkeit zu zeigen, sondern sich dem Konkurrenten gegenüber höflich zu verhalten:

Er macht dem Gegner eine Verbeugung und läßt ihm den Vortritt auf dem Schießstand. Nachdem er geschossen, tritt er ebenso höflich wieder zurück und läßt den besiegten Gegner den

Becher leeren. So zeigt er sich auch beim Wettstreit als Gebildeter.[6]

Das Ganze hat mit dem Weg des Bogens selbstverständlich nichts zu tun, soll aber an dieser Stelle deutlich machen, wo das heutzutage nicht selten zu beobachtende Hervorheben des Formalen und Zeremoniellen bei nicht wenigen japanischen Bogenschützen seine Wurzeln hat: Konfuzianistische Formengläubigkeit und Formengebundenheit und der japanische Pragmatismus, der daraus bestimmte Regeln entlehnte, die der geschlossenen japanischen Gruppe halfen, die Interaktionen zwischen ihren Mitgliedern im Sinne der Erhaltung äußerer Harmonie zu regulieren, sind eine Verbindung eingegangen, die bis heute fortbesteht und nach wie vor ein reibungsloses Funktionieren innerhalb der Gruppen selbst und zwischen den Gruppen garantiert. Japaner selbst können offensichtlich die Stärke ihrer konfuzianistischen Prägung nur in Ausnahmefällen rational fassen und durchdringen. Europäische und amerikanische Japanologen wiederum tun sich heute noch schwer, auch dieser Wurzel japanischen Wesens eingehender nachzugehen; allzuoft wird sie einfach ignoriert.[7]

Im Gegensatz zum Konfuzianismus betrachtet der Taoismus alles Formale als eine Äußerlichkeit, der selbst keinerlei Bedeutung zukommt. Jedes Haften an Äußerlichem verhindert seiner Ansicht nach das Vordringen zum Kern, zum Wesentlichen. Die angemessene Form ergibt sich für den Taoisten immer dann von selbst, wenn Handeln und Verhalten des einzelnen, die sich notwendig in bestimmten Formen äußern müssen, natürlich, automatisch und unbewußt den Gesetzen der kosmischen Ordnung folgen, also dem

Innen, dem eigentlichen Selbst des Menschen entspringen. Von außen aufgesetzt, erstarrt ihm alles Formale zu statischem Formalismus. Auch in dieser Hinsicht ist der Taoismus Antithese zum Konfuzianismus, der neben anderem auch durch genaue Beachtung der Form und peinlichstes Einhalten des Rituellen die Welt ordnen zu können vemeinte.

Das Zen nimmt in dieser Frage eine Art mittlerer Position ein, was mit seiner – verglichen mit dem Taoismus – wesentlich ausgeprägteren Praxisorientiertheit zusammenhängt. In allen vom Zen beeinflußten Künsten und Kampfkünsten wird Formales und Zeremonielles zwar relativ streng beachtet, darf aber nie losgelöst vom Wesentlichen geübt werden. Nur der Sinn, nicht der Buchstabe, nur das Wesen, durch welches der Buchstabe, das heißt die Form, erst ins Leben gerufen worden ist, will erfaßt, erfahren und geübt werden. Vom Äußerlichen des Formalen und Zeremoniellen freiwerden, das Innere suchen und leben – das ist der Weg, auf dem die Form erst einen tieferen Sinn erhält und uns zum Nicht-Haften führen kann. Im übrigen ist es eine Binsenwahrheit, daß die Kunst des Zeremoniells für den, der sie beherrscht, ohne sich von ihr beherrschen zu lassen, in keiner Weise ein Hindernis für die Entfaltung seiner Persönlichkeit darstellt.

Die festgelegten Regeln der Formen und Etikette sollen den Bogenschützen nicht vorrangig und vordergründig zu ästhetischer Formvollendung führen. Sie sollen ihm in seinen Bemühungen um Selbstkontrolle helfen und ihn zu eigener Kreativität erziehen. Sein Umgang mit dem Bogen drückt sich im Formalen seiner Handgriffe und Bewegungen aus, bleibt aber nicht darin stecken. Er geht weit darüber hinaus, denn Formen können nur Hilfsmittel sein, den inneren Gehalt zu erfahren. So verstanden, erfüllen sie eine immens wichtige Rolle. Indem der Schütze die gesetzmäßigen Bewegungen aus diesem Geist heraus vollführt, hat er sich vom Zeremoniellen und Formalen befreit und einen Rhythmus erreicht, der aus sich selbst heraus etwas echt Ästhetisches und künstlerisch Vollendetes gebiert. Der Laie versteht das oft als etwas äußerlich Zeremonielles, wenn er nicht erkennt, daß die streng geregelten, aber doch so harmonisch-gelöst erscheinenden Bewegungen des Schützen nicht Selbstzweck der Übung sind. Sie haben nur funktionelle Bedeutung, wollen den Geist und das Wesen des Bogenweges auch durch das Mittel der gesetzmäßigen Form offenbaren. So gesehen hilft ihm die Form, über seine äußere Gebundenheit hinauszuwachsen und sich durch sein Hantieren mit dem Bogen einen Weg zu unmittelbarer Freiheit, zum Einswerden mit den Rhythmen des Alls und seinen Gesetzen zu eröffnen. Seine Bewegungen haben jede künstliche und falsche Aufgesetztheit überwunden und folgen nichts anderem als seinem eigenen inneren Rhythmus, durch den das All sich äußert.

Ohne Kenntnis und Meisterung auch des äußeren Ablaufs des gesamten Schießvorganges könnte der Schütze den Bogen nicht auf natürliche Weise handhaben, würde er weder Einheit noch Harmonie zwischen Körper, spirituellen Anstrengungen und dem Bogen erreichen. Vollzieht der Schütze das Formale und Zeremonielle als starren Satz mechanischer Bewegungen, bleibt er im Konventionellen stehen. Sein Hantieren mit dem Bogen bleibt ein äußerliches Scheingefecht gegen die Zielscheibe, diesen lächerlichen Fetzen Papier.

Zwei japanische Äquivalente für unser Wort Form sind Kata und

Katachi. «Kata» läßt sich wahrscheinlich am besten mit «Gestalt» oder «äußere Form» wiedergeben, während «Chi» im Japanischen wörtlich «Blut» bedeutet, aber auch den Geist einer Person impliziert. Erst wenn sich im Üben des Schützen Kata und Chi zu Katachi verbinden und als Einheit offenbaren, ist sein Handhaben des Bogens über alle scheinbaren Äußerlichkeiten des Zeremoniells hinausgewachsen. Indem er die formalen Regeln einhält, kann er zum Herzen des Bogens, zu seinem eigenen Selbst vordringen. Sein Praktizieren hat in seiner tiefen Ernsthaftigkeit und Hingabe an den Weg des Bogens eine religiöse Qualität erreicht. Es ist durchaus echtes religiöses Bemühen, das ihn treibt, mit Hilfe seines Bogens die Fesseln, die sein kleines, egoistisches Ich ihm angelegt hat, zu sprengen und zu seinem eigentlichen Selbst zu erwachen. Von diesem Gesichtspunkt her betrachtet, ist das ursprünglich lateinische «Caeremonia» (Zeremonie), was seiner Wurzel nach in etwa «religiöser Gebrauch», die zum religiösen Ritus gehörenden äußeren Zeichen und Handlungen meint, nicht allzu weit vom zeremoniellen Aspekt des Bogenschießens entfernt.

Geist und Technik

Technisches Können ist selbstverständlich auch beim Kyūdō von ausschlaggebender Bedeutung. Auf diesen Grundsatz weist auch Eugen Herrigels bekanntes, mittlerweile in viele Sprachen übersetztes Büchlein hin.[1] Trotzdem ist bei nicht wenigen Lesern seines Werks der Eindruck entstanden, die Technik sei beim Kyūdō lediglich so etwas wie ein notwendiges Übel, eine Nebensächlichkeit, die man zwar auch beachten müsse, die sich aber schon bald ohne weiteres spielend von selbst erledige, wenn man sich nur nicht von ihr gefangennehmen lasse und vor allem immer mit dem «richtigen Geist» übe. Herrigel, der sich zwar schwerpunktmäßig mit der geistigen Seite des Bogenschießens auseinandersetzt, weist immer wieder – wenn auch meist nur indirekt – darauf hin, daß Geist und Technik beim Kyūdō eine untrennbare Einheit bilden und es in diesem Sinne kein isoliertes, nur äußerliches Technik-Training geben kann: Gegenstand der Übung sind also immer beide Aspekte.

In einem zentralen Punkt jedoch hält meiner Auffassung nach Herrigels Buch einer ernsthaften Kritik nicht völlig stand. Es handelt sich um die Art seines Einstiegs in die Kunst des Bogenschießens. Er begann nämlich, sich in dieser Kunst zu üben, um in tiefere Berührung mit dem Zen zu kommen.[2] Jeder «Bogenmensch» (jap. Kyūdōka, Kyūjin) wird bestätigen, daß es beim Kyūdō vor allem darum geht, das Herz des *Bogens* zu erfassen und auf diesem Wege zum eigenen Herzen, zum eigenen Selbst vorzudringen. Die Übung mit dem Bogen setzt weder Verständnis des Zen, noch dessen Durchdringung voraus. Der handelnde Umgang mit dem Bogen an sich ist bereits von Anfang an eine Art von Zen, eine Form von Meditation. Ob der Schütze sich dessen explizit bewußt ist oder nicht, ändert nichts an dieser Tatsache. Die Übung des Taoismus und des Zen können dem Schützen auf seinem Bogenweg zwar dienlich sein, dieser Weg selbst aber setzt solche Praxis nicht voraus. Wer Kyūdō übt, weil er tiefer in Zen einsteigen will, gerät überdies in die Gefahr, daß er – weil er ja zweckgebunden übt – niemals die hohe Stufe des absichtslosen Schießens nach den Prinzipien des Wu-wei und der «vollen Leere» erreicht. Herrigels Weg jedoch hat ihn selbst über die Absichtlichkeit seiner Anfangsintention hinausgeführt, und er hat sich schließlich dem Weg des Bogens als solchem, und nicht als Mittel zum Zen, voll und ganz hingegeben. Sein Erfolg, er erreichte in nur vier Jahren immerhin den fünften Dan (Grad), sowie der weitere Inhalt seines Buches beweisen dies zur Genüge.

Allen von Taoismus und Zen beeinflußten Künsten ist der Gedanke gemeinsam, daß jede geistige Übung zugleich eine körperliche ist und ebenso alle körperlichen Übungen zugleich geistige sind. Für jeden «Weg» stehen Geist und Körper, Wissen und Handeln, Theorie und Praxis nicht in dualistischem Verhältnis zueinander, sondern sind immer als ein Ganzes aufeinander bezogen. Dem liegt die für den Taoismus und noch mehr für den Zen-Buddhismus essentielle Auffassung zugrunde, man könne nur durch ständige Praxis und Übung zur Großen Wahrheit, zum Tao, zum Erkennen des eigenen Selbst und dessen harmonischer Verschmelzung mit dem Kosmos und seinen uns bestimmenden Rhythmen und Kräften gelangen. Das Tao, der Weg, muß für jeden, der ihn beschreiten will, etwas grundsätzlich Tatsächliches sein, und nur durch dessen unermüdliche praktische Anwendung allein kann man dem Ziel näherkommen. Niemals aber läßt es sich allein mit

Hilfe intellektueller Spekulation und Abstraktion erschließen, sondern nur durch praktisches Handeln, das mit fundierter geistiger Durchdringung der Wirklichkeit einhergeht. Diese Wirklichkeit des Tao ist in den konkreten Realitäten unseres alltäglichen Lebens zu suchen, das nicht zu metaphysischem Gerede Stoff und Anlaß geben darf, sondern Geist und Körper zu äußerster, allumfassender Wachheit und Konzentration und damit zu harter Übung führen muß. Geist, Körper und Technik bilden auf dieser Grundlage eine untrennbare Einheit.

So wie der Maler erst zum Maler wird, wenn er handelnd zu Pinsel und Farbe greift, so wird auch der Bogenschütze erst dann wirklich zum Schützen, wenn er Pfeil und Bogen zur Hand nimmt und gebraucht. Jedes Nur-Theoretisieren ohne praktischen Bezug zur Wirklichkeit, zum Dasein, ohne Ansatz zur praktischen Durchdringung des Lebens, bleibt unweigerlich unbefriedigendes Stückwerk ohne wirkliche Konsequenzen. Wirkliches Denken ist handelnde Anschauung in konkreter Situation. Hier zeigt sich die körperlich-geistige Ganzheit des Menschen, von der Taoismus und Zen ausgehen: es kann kein untätiges, passives und gleichzeitig wirkliches Anschauen geben, Anschauen und Handeln sind eine ursprüngliche Einheit.[3]

Wenn man über Kyūdō hört und liest, es komme dabei nicht auf das Treffen der Scheibe an, so ist damit keineswegs gemeint, man könne ein guter Schütze sein, unabhängig davon, ob man das Ziel trifft oder nicht. Im Gegenteil, wenn der Pfeil sein Ziel verfehlt, ist das ein unwiderlegbarer Beweis für die Tatsache, daß der Schütze technisch, körperlich und geistig, zumindest im Moment des Fehlschusses, noch meilenweit von jeder Meisterschaft entfernt ist,

wie auch umgekehrt nicht jeder bloße Treffer beweist, daß der
Schütze bereits die Ebene «geistigen» Schießens erreicht hat. Diese
Tatsache wird übrigens recht eindeutig dadurch veranschaulicht,
daß bei den Prüfungen für die einzelnen Grade von Zeit zu Zeit
Schützen durchfallen, obwohl sie die Scheibe getroffen haben, aber
eben nur die Scheibe.

Die Scheibe zu treffen ist also nicht das letzte Ziel des Kyūdō.
Aber es ist die letzte und höchste Möglichkeit, beim Hantieren mit
dem Bogen die Stufe, die der Schütze auf dem Wege zu sich selbst
erreicht hat, für sich und andere in konkreter Wirklichkeit faßbar zu
machen. Westliche Sportwissenschaftler würden sagen, der Schütze
lerne durch seine Trefferquote seinen derzeitigen Ist-Stand kennen,
was sie aber eben nur auf die äußerlich meßbare Leistung beziehen,
nicht aber auf die innere Leistung, die der Schütze in Auseinandersetzung mit seinem äußerlichen, egoistischen Ich vollbringt. Für das
Japanische Bogenschießen ist das Treffen in dieser Hinsicht Voraussetzung auf dem Wege der Heimkehr zu sich selbst. Um diese
Bedingung zu erfüllen, muß der Schütze die Technik des Schießens
möglichst vollkommen beherrschen lernen. Sie ist keineswegs eine
beiläufige, eher lästige Nebensächlichkeit, von der man sich möglichst schnell zu «befreien» hat, um zum «wirklichen» Schießen
vorzudringen. Um von der Technik innerlich frei zu werden, muß
man sie erst einmal beherrschen, und zwar von Grund auf! In
diesem Sinne ist Herrigel zu verstehen, wenn er, wie jeder wirkliche
Meister, sagt: «Das Bogenschießen kann somit unter keinen Umständen den Sinn haben, mit Bogen und Pfeil äußerlich, sondern mit
sich selbst innerlich etwas auszurichten.»[4]

Der Schütze muß sich vom allerersten Moment des Übens an

dessen bewußt sein, daß der letzte Sinn seines Schießens nicht in gewolltem Treffen liegen kann und es sich nicht darum handelt, ausschließlich die erforderliche Technik zu erlernen, sondern darum, den Frieden und die Meisterschaft über sich selbst zu gewinnen, sein eigentliches, bisher verschüttetes Ich wiederzuentdecken in seinen Beziehungen zu den Rhythmen und Gesetzen des Alls. Diesem Ziel wird er beim Kyūdō so wenig wie bei jeder anderen von Taoismus und Zen beeinflußten Kampfsportart oder Kunst ohne harte und ausdauernde praktische Übung, die auch die Technik einschließen muß, näherkommen. Ein Schütze, der nicht trifft, hat in diesem Augenblick versagt; ein Schütze, der nur durch technisches Können trifft, befindet sich ebenfalls noch nicht auf dem Weg des eigentlichen Kyūdō.

Die Große Wahrheit, das Tao, ist allumfassend und schließt nichts aus, auch Wissen nicht. Aber nicht das Wissen ist der Kern, sondern die ständige Übung auf das Tao hin: Tao und Zen müssen *erlebt* werden, niemals können sie nur *erlernt* werden. Das theoretische Wissen um die technischen Handgriffe und Bewegungen bis zum Herunternehmen des Bogen nach dem Lösen des Pfeils muß der Schütze sich selbstverständlich lernend aneignen, aber er muß dieses Wissen augenblicklich anwenden und es und sich auf diese Weise praktisch bewähren. In letzter Konsequenz meint dies die Überwindung der Theorie durch die Praxis, in gewisser Weise auch Weltüberwindung nicht durch Abschließung, sondern durch aktive Erfüllung. Wissen und Handeln, Theorie und Praxis sind eine Einheit, wobei die Praxis als letzte Instanz, als letzter Prüfstein der Theorie gilt.

Der Wissen und Theorie realisierende Körper muß dabei zu

einem völlig beherrschten und automatisch gehorchenden Instrument der in uns wirkenden Energien werden. Auf keinen Fall darf der Körper den Schießvorgang als Erfüllungsgehilfe des bewußt wollenden Ego ausführen, denn dann würde es der Schütze bestenfalls zu hochgradiger Perfektion bringen, und sein Hantieren mit Pfeil und Bogen bliebe äußerlich-mechanisch gekonnter Sport auf hoher Stufe. Sein Bogen bliebe ein einfaches Instrument ohne Eigengehalt, der dem Bogen innewohnende Geist (Yumi-no Kokoro) könnte sich nicht offenbaren, bliebe verschüttet wie das eigentliche Selbst des Schützen. Bei einem wirklichen Kyūdōka hingegen hat sich die Technik zu einer Verwirklichungsform des Tao gewandelt. Das Technische spielt auch weiterhin eine wichtige Rolle, nämlich die der Materie, in der sich der Geist und der geistige Reifungsprozeß des Schützen manifestieren: Er übt sich nicht mehr in der Technik, sondern an der Technik in seiner menschlichen Ausreifung, Läuterung und in seinem Freiwerden und Leerwerden für das Tao.

Training und Übung beziehen sich bei den japanischen Wegen niemals auf die Technik allein, sondern immer auf den ganzen Menschen. Hier liegt ein wesentlicher Unterschied zwischen der Auffassung von Übung in westlichen und in japanischen Augen. Für uns Europäer liegen Sinn und Ziel der Übung, wie zum Beispiel im westlichen Archery, dem europäischen Bogenschießen, in erster Linie in der äußerlichen Leistung, der Trefferquote. Für den Japaner jedoch, zum Beispiel beim Kyūdō, geht es vorwiegend um die Reifung seines Selbst, um seine innere Menschwerdung. Welche Tätigkeit der Mensch auch immer ausüben mag, Voraussetzung ist immer ein bestimmtes Maß an Training, wenn er es in dieser

Tätigkeit zu einem bestimmten Grad an Meisterschaft bringen will. Dieser Grad erweist sich, vom abendländischen Denken her gesehen, in der objektiv bestimmbaren, meßbaren Leistung. Beim europäischen Bogenschießen hat der Schütze sein Soll erfüllt, wenn er das Ziel häufiger getroffen hat als seine Konkurrenten. Damit hat sich sein Können dem der anderen als überlegen erwiesen, und die Sache ist somit abgetan, bis zum nächsten Wettkampf.

Taisen Deshimaru vergleicht sportliche Aktivität dieser Art mit einem gefährlichen Spielzeug, das zwar den Körper zur Ausdauer trainiere, aber eben nur diese beiden Aspekte und nicht das innere Bewußtsein. Den Kampfgeist und die Kraft, die auf diese Weise entwickelt werden, hält er für negativ. Sie führten dazu, so meint er, daß diese Sportler Krieg spielten wie kleine Kinder, was von einer falschen Sicht des Lebens zeuge. Weisheit jedenfalls sei darin nicht zu finden, denn der Ehrgeiz und die in vielen westlichen Sportarten vorhandene Tendenz zur Aggression, verhindere, daß aus diesen sportlichen Aktivitäten ein besonderer Nutzen für die persönliche Lebensweise und menschliche Reifung erwachse.[5] Siegen-Wollen verstärkt nur den Geist des Konkurrenzverhaltens, dem unter anderem eben auch das gegenseitige Messen von Stärke und Geschicklichkeit zugrunde liegt. Eine höhere Dimension seines Wesens und Lebens ist einem Athleten dieser Art wohl nicht erreichbar. Er bleibt an seinem kleinen Ich und seinem Siegen-Wollen kleben, wenn er einem Gegner gegenübersteht, den er durch Kraft und Geschicklichkeit überwinden muß, um sein Image und Ansehen zu halten oder zu steigern.

Den ursprünglich »Leibesübung« genannten Aktivitäten, die sich im Laufe der Geschichte zum heutigen Sport entwickelt haben, wohnte noch der Gedanke inne, zur allgemeinen leib-seelischen Entwicklung des Menschen beizutragen.[6] Da es aber auch hier im Kern darum ging, vorrangig körperliche Fähigkeiten zu entwickeln, verflachte dieser Gedanke relativ schnell, und die reine Leistungs-orientiertheit gewann die Oberhand. Damit trat dann auch die kommerzielle Seite immer mehr in den Vordergrund, die den heutigen Sport fest im Griff hält. Sport birgt inzwischen vielfältige Gefahren von Leibesschädigungen in sich, soweit er darum bemüht ist, sogenannte Höchstleistungen zu erzielen, und den Menschen auf diese Leistungen hin trimmt und zur Maschine degradiert.[7]

Verfehlt der Kyūdōka die Scheibe, dann bedauert er nicht, daß er schlechter geschossen hat als ein anderer Schütze. Ohne dessen Trefferzahl für sich selbst größere Bedeutung beizumessen, lernt er aus seinem eigenen Fehlschuß sein eigenes Niveau auf dem Wege seiner Entwicklung kennen.

Die oft von Europäern bestaunte, traumwandlerisch anmutende sichere Beherrschung der Technik des Schießvorgangs beruht auf dem Auswendiglernen und Automatisieren der Technik. Indem er die Technik transzendiert, beschreitet der Schütze im taoistischen Sinne einen Weg der Praxis des aktiven Nicht-Tuns. Die techni-schen Erfordernisse des Schießvorgangs beanspruchen nun nicht mehr seine bewußte Aufmerksamkeit; diese ist frei geworden und hat sich zu instinktiv richtig und präzise handelnder, intuitiver Aufmerksamkeit gewandelt.

Vom Praktischen her betrachtet ist der Grad der Automatisierung und Wiederholungsgenauigkeit der technischen Seite des Schießens entscheidend für die Überwindung der Spannung zwischen dem Schützen und seinem Gegenstand, dem Bogen. Vor dem Übenden liegt die Aufgabe, etwas zu tun, was er als Anfänger in ausgereifter Form technisch noch nicht leisten kann. Diese Diskrepanz zwischen seinem Können und seiner Aufgabe – den Pfeil perfekt zu lösen – überwindet der Kyūdō-Schütze, indem er die technischen Vorgänge durch dauerndes Wiederholen Schritt für Schritt meistert und verinnerlicht. Dieses dauernde Wiederholen bezieht sich aber auf den gesamten Schießvorgang, nicht etwa auf einzelne, aus dem gesamten Vorgang herausgelöste Handgriffe oder Bewegungen. Würde man isolierte Teile üben, erschiene der Gesamtablauf des Schießens bruchstückhaft, und jede Einheit von Mensch und Bogen wäre verhindert.

Völlig auflösen kann der Schütze die Spannung zwischen sich und dem Bogen erst, wenn er die technischen Voraussetzungen bis ins letzte beherrscht. Erst dann wird im Kyūdō die Aufhebung des Dualismus von Subjekt und Objekt möglich, erst dann können Schütze, Bogen und Ziel endgültig zu einem harmonischen Ganzen verschmelzen. Bei Lieh-tzu finden wir folgende Stelle, die dieses Stadium des fortgeschrittenen Kyūdō-Schützen veranschaulicht:

Mein Leib ist eins mit dem Gefühl, das Gefühl ist eins mit der Kraft [kosmische Feinenergie], die Kraft ist eins mit dem Geist, der Geist ist eins mit dem Jenseits [dem All]. Das winzigste Wesen, der leiseste Ton, mögen sie ferne sein außerhalb der acht Wüsten oder nahe innerhalb der Augenwimpern, sie haben Einfluß auf mich und ich erkenne sie mit Notwendigkeit. Aber ich weiß nicht, ob es eine sinnliche Empfindung und eine seelische Erkenntnis ist. Ich habe nur die Erkenntnis an sich, nichts weiter.[8]

Volles, ungeteiltes Wachsein und Offensein für jede Äußerung aller irdischen und aller kosmischen Kräfte, ohne sich groß darum zu kümmern: auf dieser Ebene hat der Schütze das Ziel des Kyūdō erreicht. Er schießt jenseits von Technik, jenseits von Theorie. Nichts entgeht ihm, und nichts kann ihn in seinem allumfassenden, ungeteilten Wachsein mehr beeinträchtigen. Geist, Mensch und Technik sind in ihre ursprüngliche Einheit zurückgekehrt. Der Schütze ist selbst zur Technik geworden und die Technik zu ihm. Indem er die Technik mit ihren Regeln und Gesetzen schrittweise zu beherrschen gelernt hat, ist ihm allmählich bewußt geworden, daß allein das Wesen der Dinge wirklich zählt, nicht ihre Form. Er hat das kosmische Gebundensein der Dinge erkannt, sich über ihre Form erhoben und sich auf diesem Wege auch von seinem eigenen Außen, seinem kleinen, jetzt als wahrhaft lächerlich erkannten und erlebten Ich befreit. Er hat sich vom Außen der Technik und vom Außen seines Selbst gelöst, indem er dieses Außen durchdrungen und es sich zu eigen gemacht hat, es auf seinem Wege fruchtbringend benutzt hat.

Nicht durch aktives Vernichten-Wollen hat er dieses Ziel erreicht, sondern durch aktives Durchdringen, Sich-zu-eigen-Machen dieses Außen, indem er es in seinen Weg einbezogen, sich an ihm geübt hat. In diesem Sinne ist es zu verstehen, wenn immer wieder darauf hingewiesen wird, daß Technik, Körper und Geist zwar eng beieinanderliegen, aber letztlich in jedem Falle der Geist (jap. *shin*) nicht nur bei den sogenannten Kampfkünsten das entscheidende Moment ist. Die geistige Haltung ist von diesem Verständnis her Voraussetzung auch für jede korrekte Technik. Darin liegt keine Überbewertung der geistigen Komponente, die übrigens – ungeachtet aller Unterschiede in der Methode – dem westlichen Denken durchaus nicht fremd ist. Bekanntlich gilt ja auch bei uns der Grundsatz, daß zum Beispiel alle wahren Kunstwerke jenseits der technischen Fähigkeiten geschaffen werden.

Der geistige Aspekt der Übung wird hervorgehoben, um unmißverständlich darauf hinzuweisen, daß sich das Üben nicht nur äußerlich auf die Entwicklung von Theorie, Technik und Körper richten darf, sondern daß das Ziel aller Übung am «Äußerlichen», der Technik nämlich, die Überwindung dieses Äußerlichen sein muß. Um diesen Punkt abzuschließen, wollen wir noch einmal den bereits zitierten Bogenschützen und taoistischen Philosophen Lieh-tzu, der sich übrigens sein ganzes Leben lang am Bogen übte, sprechen lassen:

Liä Yü Kou (Lieh-tzu) zeigte sich vor Be Hun Wu Jen [taoistischer Weiser, Lehrer des Liä Dsi] im Bogenschießen. Er spannte den Bogen zu voller Weite; dann stellte er einen Becher Wasser auf seinen Vorderarm und schoß ab. Ein Pfeil folgte dem andern, während er die ganze Zeit über stand wie eine Bildsäule. Be Hun Wu Jen sprach: «Du bist ein Schütze, aber noch kein Überschütze! Wenn ich mit dir auf einen hohen Berg steige, auf steile Felsen trete am Rand eines hundert Klafter tiefen Abgrunds: kannst du da immer noch schießen?»
Mit diesen Worten führte ihn Wu Jen auf einen hohen Berg, trat auf einen steilen Felsen am Rand eines hundert Klafter tiefen Abgrunds, wandte sich und ging rückwärts, bis seine Fußsohlen zu zwei Dritteln in die Luft ragten. Da winkte er dem Yü Kou vorzutreten. Der aber duckte sich zur Erde, und der Schweiß rann ihm bis zu den Fersen herunter.

Da sprach Be Hun Wu Jen: «Ein Adept kann hinaufblicken zum blauen Himmel oder mit seinem Auge hinunterdringen bis zu den Flüssen der Unterwelt oder hinausschweifen in alle Fernen, ohne daß seine Geisteskraft beeinflußt wird. Du aber hast Angst und wagst nicht, um dich zu blicken, du sitzest mitten auf dem Land und fühlst dich doch nicht sicher.»[9]

Wie lächerlich wirkt doch am Ende Lieh-tzu mit seiner Wassertasse auf dem Bogenarm gegenüber seinem Meister, der, ohne jegliche technische Anstrengung und Perfektion zu zeigen, halb über dem tödlichen Abgrund steht. Was ihn nicht in den sicheren Tod stürzen läßt, ist nicht gekonnte Technik, sondern die durch nichts zu erschütternde Kraft seines Geistes, die ihm absolute Ruhe und Sicherheit verleiht. Vollkommene Technik allein ist nicht viel mehr als eine, wenn auch recht hohe, Vorstufe zu dem, was jenseits bloßen Könnens, bloßen Punktesammelns liegt: eine Vorstufe zum Tao, zum eigentlichen Selbst und zum eigentlichen Sinn des Kyūdō.[10]

Dritter Teil

Die Praxis des Kyūdō

Vorbereitungen

Das Bogenschießen, als Weg geübt, erfordert hartes und ausdauerndes, am besten tägliches Training, das nie zu einem endgültigen Abschluß gelangen kann, gleichgültig, welches Niveau der Schütze auf seinem Weg erreicht hat. Wie jede ernsthafte Übung, die jenseits von Äußerlichkeiten zum Wesen der Dinge und zum Sinn des Lebens überhaupt vordringen will, kann auch der Bogenweg erst mit der Umwandlung des irdischen Daseins des Schützen, mit seinem Tode, als abgeschlossen gelten. Auch uns Europäern ist das durchaus nicht fremd, wenn wir an all die Künstler, Dichter und Forscher denken, die bis zu ihrer letzten Lebensäußerung, oft buchstäblich bis zu ihrem letzten Atemzug um Vervollkommnung ihres Werkes rangen.

Im westlichen Sport allerdings treffen wir diese Haltung kaum an, da er meist auf Höchstleistungen oder zumindest auf Leistung ausgerichtet ist und solche Leistungen in der Regel höchstens bis zum vierten Lebensjahrzehnt erbracht werden können. Die einseitige Betonung von Körper und Technik fordert ihren Preis.

Dem Kyūdō ist eine derartige «Altersgrenze» völlig fremd. Im Gegenteil, je älter und abgeklärter der Schütze wird, desto tiefer dringt er in der Regel zum Wesen des Bogenweges vor. Die besten Schützen, in technischer und geistiger Hinsicht, sind meist ältere Meister. Daß man mit der Zeit einen an Spannstärke schwächeren Bogen verwendet, ist nur eine belanglose Äußerlichkeit, denn die Bogenstärke hat nicht das geringste zu tun mit der Qualität des Schießens, mit der Stufe, zu welcher der Übende auf seinem Wege bisher vorgedrungen ist.

Während der ersten Übungsphase, in der der Schütze sich noch schwerpunktmäßig mit den einzelnen Bewegungen und Handgriffen auseinandersetzen muß, schießt er noch nicht auf die eigentliche Scheibe, sondern auf ein etwa zwei Meter von ihm entfernt aufgestelltes Strohbündel (jap. *makiwara*). Die Entfernung von zwei Metern entspricht in etwa der Länge des japanischen Bogens. An diesem Strohbündel übt er nun die Technik sozusagen «auf dem Trocknen». Gleichzeitig soll ihm schon während dieser Anfangsphase in aller Deutlichkeit bewußt werden, daß es beim Schießen keineswegs ausschließlich um Treffen und Nicht-Treffen geht, denn das Strohbündel zu treffen, bereitet selbst einem Anfänger kaum Schwierigkeiten. Von Beginn an wird also schon jeder Entwicklung von Ehrgeiz entgegengewirkt, indem ihm ganz einfach kein Gegenstand gegeben wird, an dem sich Ehrgeiz entwickeln könnte. Von der ersten Übungsstunde an führt ihn der Meister auf den Weg zu der Erkenntnis, daß im egoistischen Treffen-Wollen meist das größte Hindernis liegt, letztlich wirklich zu treffen und auf dem Wege voranzukommen.

Jeder Übende, auch der höchste Meister, wird, bevor er der eigentlichen Scheibe gegenübertritt, sich an eine Seitenwand der Übungshalle begeben, wo das Makiwara gewöhnlich aufgestellt ist, und etwa zehn Minuten an diesem Strohbündel üben, um «warm» zu werden, vor allem aber, um seinen Geist zu läutern und jeden Anflug von falschem Ehrgeiz auszuschließen. Auch wenn der Schütze während des Zielschießens spürt, daß sein kleines Ich in einer Äußerung von Ehrgeiz den freien Fluß des Schießvorgangs beeinträchtigt, wird er sofort von der Scheibe zurücktreten und sich erneut für einige Minuten dem Strohbündel zuwenden. Nach Abschluß des täglichen Trainings ist ebenfalls ein letztes Üben am Makiwara obligatorisch.

Nach Abschluß der Trainingsstunde ist außerdem eine gemeinsame Periode des Zazen obligatorisch, die beim Kyūdō entweder im Fersensitz, wie bei der alten taoistischen Meditation üblich, oder mit verschränkten Beinen, im sogenannten Lotossitz, durchgeführt wird. Auch hier geht es wieder um das gleiche: Der Schütze bemüht sich, alle Gefühle von Erfolg oder Mißerfolg und damit verbundenem falschen Ehrgeiz, der in Treffen oder Nicht-Treffen seine Wurzeln hat, zu überwinden. Jede Art von Selbstzufriedenheit ist zu beherrschen, am Erfolg nicht zu kleben und haftenzubleiben; Mißerfolge sind als solche unbeeindruckt anzuerkennen und beides als das zu nehmen, was sie sind: als klare Aufforderung zu weiterer Arbeit an sich selbst und an den Erfordernissen des Bogens.

Freude und Enttäuschung werden auf diese Weise als relativ erkannt, als ein natürliches und notwendiges Gegensatzpaar, das im Grunde immer ein vollständiges Ganzes ist. Auch am Anfang jeder Trainingsperiode eines Tages, noch bevor der Schütze an das Makiwara tritt, findet ein etwa fünfzehn Minuten dauerndes Zazen statt. Es beruhigt Geist und Körper, ruft einen Zustand ausgeglichener Sammlung hervor und führt den Schützen zu innerer Stille, zu seiner eigenen Mitte. Damit dient es dem gleichen Ziel wie das Kyūdō: den Geist von allen flachen und störenden äußerlichen Abhängigkeiten zu reinigen, damit die kosmischen Energien ungehindert in ihm wirken können. Bei diesem Zazen wie während des gesamten Schießens ist richtiges Atmen von ausschlaggebender Bedeutung. Dieses Atmen mit dem Zwerchfell wird vom ersten Trainingstag an geübt, und der Schütze muß versuchen, möglichst zu jeder Tages- und Nachtzeit, ungeachtet dessen, was er gerade

tut, diese Atmungsform beizubehalten. Das ist anfangs mit Schwie-
rigkeiten verbunden, aber der Schütze wird nach etwa vier bis fünf
Monaten automatisch während des ganzen Tages und auch beim
Schlafen in dieser Form atmen.

Das Erlernen der Schießtechnik selbst geschieht, indem der
Schüler dem Meister oder anderen erfahreneren Schützen zusieht
und ihre Anregungen und Hinweise nachahmend selbst zu realisieren versucht. Dieses Lernen durch Nachahmen heißt im Japanischen Minarai (d. h. «sehend lernen»). Es ist auch heute noch
weitgehend Grundlage aller traditionellen japanischen Wege in
Sport und Kunst, womit zum Teil auch der relativ geringe Erfolg
japanischer Sportler in westlichen Sportarten erklärt wird. Theoretische Unterweisung findet nur in minimalem Ausmaß statt, so daß
der Schütze die technischen Aspekte nur durch endloses Üben in
den Griff bekommen kann, nicht auf dem Umweg über den
Intellekt, sondern unmittelbar vom Körpergefühl her. Dieses Erlernen ist also vorwiegend pragmatisch und nur wenig an theoreti-
schem Denken orientiert. Die alten Wege blieben auf diese Weise in
Japan vor akademischer Vertheoretisierung bewahrt, was zum
Beispiel durch die Tatsache unterstrichen wird, daß traditionelle
japanische Musik bis heute nur an sehr wenigen Musikhochschulen
des Landes gelehrt wird.

Der Meister sucht im Schützen anfangs absolut nichts, keine
besondere Begabung, kein Genie. Er hilft dem Schüler, indem er ihn
nur dazu bringt, die erforderlichen Bewegungen und Handgriffe
einigermaßen zu beherrschen. Diese technischen Mittel übt der
Schüler ein, indem er ständig probiert und wiederholt, was ihm
gezeigt wurde, bis er es so weit verinnerlicht hat, daß es automa-

tisch, ohne Beteiligung bewußten Wollens, gleichsam wie von selbst aus seiner Mitte heraus sich realisiert. Diese Art von Automatisierung wird von Japanern, anders als im Westen, in keiner Weise als Gefährdung irgendwelcher Persönlichkeitswerte verstanden. Es dient ihm nur zu dem Ziel, die Aktivität und Spannung von Ich und Willen auf ein Mindestmaß zu reduzieren. So kann der Weg zu seinem tieferen Ich und dem Wesen dessen, womit er umgeht, und später zum Wesen der Dinge überhaupt freigelegt werden, bis schließlich das äußerliche Ich des Übenden von selbst von ihm abfällt und er zu harmonischem Einklang mit sich selbst und seiner Umwelt gelangt. Erst auf dieser Grundlage kann sich nach japanischer Auffassung aus ihm eine positive, in sich selbst ruhende Persönlichkeit herauskristallisieren, und er selbst kann frei schöpferisch und kreativ werden.

Automatisierung, mit diesem Ziel angestrebt, hat nichts zu tun mit dem wahrhaft stupiden, weil mechanistischen «Einschleifen» im westlichen Technik-Training, welches zum Beispiel das *Jūdō* bereits weitgehend zu einer sinnlosen, vordergründig auf das Siegen angelegten Kraftrangelei hat verkommen lassen. Das komplexe Kampfgeschehen wird dabei künstlich in einzelne Standardsituationen zerlegt; dann werden diese Bruchstücke einzeln, voneinander isoliert, «trainiert», bis sie «sitzen» und der so Trainierte schließlich zu einem sogenannten Spezialisten in einigen Teilbereichen dieser Sportart geworden ist. Das ist weit entfernt von jener jedes wirkliche Können charakterisierenden «Wiederholungsgenauigkeit»[1], die auch für geringste Abweichungen sensibel sein muß und bei erfolgreicher, hellwacher Übung allmählich zur Automatisierung kreativer Art führt. Kreativ deshalb, weil sie nicht im Mechanischen steckenbleibt, sondern die technischen Handgriffe und Bewegungen blitzschnell und spontan der jeweiligen Situation entsprechend variieren kann.

Beim Kyūdō beginnt auch aus diesem Grunde das Training nicht mit dem Treffen-Lernen, sondern mit dem Schießen-Lernen. Dabei wird von Anfang an darauf geachtet, daß der Übende die einzelnen Handgriffe und Bewegungen als ein Ganzes, als einen ununterbrochen, aber bestimmt und ruhig dahinfließenden Strom begreift und realisiert. Das alles lernt der Schütze durch Nachahmen, das sich im wesentlichen ohne kritisches Denken vollziehen läßt. Dementsprechend gibt der Meister auch kaum Hinweise und Erklärungen, die vorwiegend den Intellekt ansprechen. Dieses Verfahren ist natürlich denkbar ungeeignet für die meisten Gebiete wissenschaftlicher Forschung im westlichen Sinne, soweit vom Wissenschaftler von vornherein Eigenständigkeit und Kreativität verlangt werden. Wo es um selbständiges, analytisches Denken, um These und Antithese und um die Trennung von Subjekt und Objekt geht, werden mit nachahmendem, imitierendem Lernen wohl nur selten wissenschaftliche Spitzenleistungen zu erreichen sein.

Das Prinzip des Nachahmens ist jedoch um so wirksamer auf den Gebieten der japanischen Kampf-Wege und Kunst-Wege, da hier die analytischen Fähigkeiten des Intellekts nicht vorrangig sind. Im Gegenteil, hier würde wissenschaftlich-analytisches Denken die erforderliche unmittelbare, instinktive Reaktion, die sich auf allumfassende Wachheit und nicht-intendierte Vollbewußtheit gründet, nur hoffnungslos blockieren. Bis zu dieser spontanen, aus der Mitte strömenden Unmittelbarkeit ist es allerdings ein langer Weg. So berichtet eine alte, auf das Schwertfechten bezogene Zen-Anekdote, die ebensogut für das Kyūdō stehen könnte, von einem jungen Mann, der bei einem großen Schwertmeister den Weg des Schwertes erlernen wollte. Nach der Versicherung, er wolle hart arbeiten, erkundigte er sich schließlich, wie lange es denn wohl dauern würde, bis er die Kunst werde meistern können. Zehn Jahre mindestens, meinte der Meister. Da ihm das recht lang erschien, betonte der Schüler, er wolle wirklich Tag und Nacht an sich arbeiten. Dann allerdings brauche er mindestens dreißig Jahre, entgegnete der Meister ungerührt. Jeden Augenblick wolle er sich unter Aufbietung aller Kräfte und Energie dem Weg widmen, sagte der junge Mann daraufhin. Wenn dem so sei, würde es doch wohl siebzig Jahre dauern, erwiderte der Meister trocken.

Der junge Mann gab es auf, weiter zu fragen, und vertraute sich dem Meister an. Nachdem dieser ihm drei Jahre lang kein Schwert in die Hand gegeben hatte und ihn nur hatte Reis schälen und meditieren lassen, überraschte er ihn plötzlich und versetzte ihm von hinten einen harten Schlag mit dem Holzschwert. Diese Überraschungsangriffe wiederholten sich nun täglich und schärften die spontane Aufmerksamkeit des Schülers. Allmählich lernte er, ohne Beteiligung seines Willens den Schlägen instinktiv auszuweichen. Nach einiger Zeit war der gesamte Körper zu allumfassender, ungeteilter Aufmerksamkeit und Vollbewußtheit erwacht, sein Geist von jeglichem Ehrgeiz befreit. Geist und Körper waren nun für jede Regung der Umgebung derart sensibilisiert, daß die eigentliche Schulung beginnen konnte.

Der Bogenschütze brauchte früher etwa drei Jahre, bis er die Stufe erreicht hatte, auf der seine geistig-körperliche Aufmerksamkeit so weit entwickelt war, daß er frei von bewußtem Wollen mit dem Bogen hantieren konnte. Erst dann durfte er vor die eigentliche Zielscheibe (Mato) treten. Auf die Scheibe darf er heute zwar schon nach den ersten drei bis vier Wochen schießen, der Prozeß aber, bis er sich von allen äußerlichen Einflüssen wenigstens teilweise lösen kann, ist dadurch keineswegs verkürzt worden. Er dauert nach wie vor in den meisten Fällen ein ganzes Leben lang. Das wird verständlich, wenn man sich vor Augen hält, daß es für den geistigen Gehalt des Bogenweges kein erlernbares Lehrsystem gibt. Indem der Schüler durch unmittelbares Nachahmen sich die technischen Erfordernisse aneignet, bekommt er ein Hilfsmittel in die Hand, mit dem er das im wesentlichen Unsagbare und Unlehrbare – den inneren Gehalt des Bogenschießens – leichter und direkter erfahren kann.

Er muß sich jedoch davor hüten, dieses Hilfsmittel, die Technik, auch wenn er es weitgehend beherrschen gelernt hat, für das Wesentliche selbst zu halten. Die «Lehre», also die Hinweise des Meisters, gibt nur Chiffren, Zeichen, die der Schüler selbst entschlüsseln muß. Die Unterweisung des Meisters ist nur der Finger, der auf den Mond weist, aber dieser Finger ist nicht der Mond selbst. Nach und nach wächst im Schüler die Fähigkeit, den Sinn der Zeichen zu erfassen und durch sein praktisches Handeln mit dem Bogen diesen Sinn unmittelbar zu erleben, bis er eines Tages plötzlich selbst die Tür von innen aufstößt. Von diesem Zeitpunkt an ist er frei von jeder bewußt geübten Technik, frei auch vom Meister, der ihm bisher als eine Art sokratische Hebamme zur Seite gestanden hat. Trächtig werden mit dem Sinn seines Handelns mußte der Schüler selbst.

Hassetsu – die acht Stufen bis zum Lösen des Pfeils und Zurücktreten von der Schußposition

In alter Zeit gab es im Kyūdō eine erstaunliche Vielzahl von Schulen oder Lehrrichtungen (jap. *ryū*), von denen sich drei Hauptrichtungen bis heute erhalten haben: *Heki-ryū, Ogasawara-ryū* und *Honda-ryū.*

In einzelnen Bewegungen und technischen Aspekten weichen diese Schulen zwar voneinander ab, stimmen aber in allen wesentlichen Punkten überein. Insbesondere gelten für alle drei Richtungen die gleichen geistigen Grundlagen und das gleiche geistige Ziel der Übung. So ist natürlich eine Schule so gut wie die andere, aber vielleicht lohnt sich der Hinweis, daß die *Heki-ryū* sich dadurch von den anderen beiden unterscheidet, daß sie den gesamten Schießvorgang auf das Nötigste reduziert hat und so in ihren Bewegungen und Handgriffen fast gänzlich ohne eher zeremoniell bedingte Schritte auskommt. Das Bogenschießen dieser Schule strahlt in Technik und Bewegungsabläufen eine besonders bestechende Natürlichkeit und ästhetisch wirkende Einfachheit aus.

Der Autor ist Mitglied der *Heki-ryū*, weshalb an dieser Stelle die Technik dieser Richtung dargelegt werden soll.

Hassetsu bedeutet «acht Stufen» und bezeichnet die einzelnen Bewegungen und Handgriffe, die bis zum Abschuß des Pfeils und Zurücktreten von der Schußposition führen. Alle diese Bewegungen, von der ersten bis zur letzten Stufe, dürfen unter keinen Umständen getrennt voneinander oder abgehackt ausgeführt werden. Sie müssen ein in sich geschlossenes harmonisches Ganzes bilden, fließend, ohne Stocken ineinander übergehen. Der gesamte Schießvorgang muß an einen breiten Strom erinnern, dessen Wasser ruhig, aber bestimmt ihrem Ziel entgegenfließen, sich von keinem Hindernis beirren lassen. Während seine Oberfläche gleichmäßig, scheinbar spielerisch leicht und durch nichts aufzuhalten dem Meer entgegengleitet, wirken in seiner geheimnisvollen Tiefe ungeahnte Kräfte. Ähnlich ist es beim Bogenschützen, dessen Handlungen nach außen hin scheinbar spielerisch leicht mit traumwandlerischer Sicherheit der Vollendung des Schusses entgegenstreben. Die Basis seiner Kräfte jedoch liegt in seiner «Tiefe», dem Hara mit dem Meer des Atems und dem Tanden, als dessen Zentrum. In dieser Quelle seiner Energie haben alle Bewegungen des Schützen bis zum Lösen des Pfeils ihren Ursprung.

Ist das Bett eines Flusses noch uneben, werden seine Wasser sich an der Oberfläche ungleichmäßig und unruhig bewegen, wie auch die Aktionen des Schützen stockend und unsicher erscheinen, wenn seine geistig-körperliche Tiefe und Klarheit noch von äußerlichen Hindernissen ins Ungleichgewicht gebracht werden können. Er muß frei sein von sich selbst, nur auf den Schießvorgang konzentriert, ohne daß dieser Konzentration absichtliches Wollen zugrunde liegt, und muß jeden Anflug von Ehrgeiz von sich abfallen lassen. Je vollkommener ihm das gelingt, desto ungehinderter werden die psychischen und physischen Kräfte seiner Mitte sein Handeln hervorbringen. Letztlich wird der Schuß dann vom Hara her gelöst. So eigenartig es auch klingen mag: Ein guter Schütze schießt letzten Endes mit dem Bauch.

Wenn dieses Kapitel auch nur die äußerliche Technik des Bogenschießens darstellt, muß diese Technik doch immer in Verbindung mit der geistigen Schulung des Schützen und den geistigen Werten des Bogenweges verstanden werden. Dem Leser wird daher empfohlen, vor allem vor der Lektüre dieses Kapitels, aber auch während er es durcharbeitet, sich immer wieder die Kapitel «Der Atem und das Atmen» und «Der Weg und die Wege» zu vergegen-

wärtigen oder, noch besser, dort von Zeit zu Zeit erneut nachzu-
schlagen.

1. Ashibumi – der Stand

Bevor der Schütze an die Schießposition (Sha-i) vortritt, wartet er an
der davon etwa drei Schritte entfernten Vorbereitungslinie (Hon-
za). Die Pfeile, in der Regel zwei, bei Wettkämpfen auch vier, beim
Übungsschießen oft nur einer, faßt er mit der rechten Hand an der
Spitze, die, durch den Daumen verdeckt, nicht sichtbar ist. Die
Rechte liegt dabei am Hüftknochen an. Die Linke hält den Bogen,
wobei die Bogensehne nach außen gerichtet ist und die obere
Bogenspitze etwa zehn Zentimeter über dem Boden steht. Die
Linke liegt dabei ebenfalls am Hüftknochen an.

Nachdem er sich zum Ziel hin verneigt hat (Tachi-rei), tritt der
Schütze die drei Schritte bis zur Schießposition vor, wobei er den
linken Fuß zuerst vorsetzt. Der Verbeugung wohnt eine tiefe
Bedeutung inne, und sie darf nicht nachlässig automatisch ausge-
führt werden, sondern muß aus voller Konzentration und innerer
Wachheit erwachsen. Indem der Schütze sich mit dieser inneren
Haltung vor dem Ziel verneigt, entsteht bereits die so wichtige
innere Beziehung zwischen ihm und der Scheibe (Mato). Das Tachi-
rei deutet an, daß es dem Schützen nicht darauf ankommt, das
Papier mit seinen Pfeilen zu zerfetzen, sondern daß er es als
Hilfsmittel auf seinem Wege zu sich selbst betrachtet und es in
dieser Hinsicht für ihn eine bedeutende Stellung einnimmt. Er selbst
tut der Scheibe kund, daß er im Geiste des Bogenweges und in der

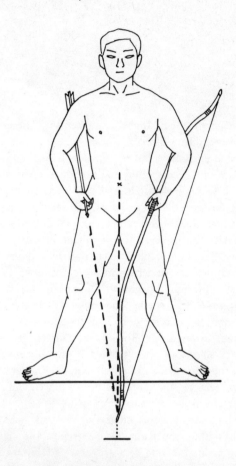

Der Stand – die Grundhaltung des Ashibumi

Die Füße ruhen fest auf einer Linie, deren Verlängerung direkt ins Ziel führt. Der gesamte Körper muß absolut aufrecht stehen. Die Linie durch den Nabel führt senkrecht in den Himmel und ebenso senkrecht in die Erde. Der feste, aber von jeder Verkrampfung freie Stand muß dem Schützen das Gefühl geben, als verkörpere sich in ihm eine Verbindung zwischen Himmel und Erde.

Tradition seiner Schule sein Möglichstes geben wird, dieser Position der Scheibe gerecht zu werden.

An der Schußposition setzt er nun den linken Fuß in einen rechten Winkel zum rechten Fuß und dreht den rechten dann so, daß die Spitzen beider großer Zehen auf einer Geraden liegen, deren Verlängerung direkt in die Mitte der Zielscheibe führt. Beide Füße bilden dabei einen Winkel von etwa sechzig Grad. Die Entfernung zwischen beiden Zehenspitzen soll etwa eine Pfeillänge (Yazuka) betragen. Der Blick ist nicht auf das nun links vom Schützen liegende Ziel gerichtet, sondern ruht auf einem etwa zwei Meter vom Schützen entfernten imaginären Punkt auf dem Boden. Die obere Bogenspitze steht wieder etwa zehn Zentimeter über dem Boden, und zwar so, daß sie genau auf der Senkrechten liegt, die durch den Bauchnabel des Schützen führt. Die Verlängerungslinie der Pfeilspitze schneidet diese Gerade in der Bogenspitze. Der Körper des Schützen steht absolut aufrecht, die Rückgratlinie muß nach unten im rechten Winkel in den Boden führen und nach oben ebenso senkrecht in den Himmel.

Durch ruhige Zwerchfellatmung vertieft und stabilisiert der Schütze den Grad innerer Ruhe und Konzentration, den er durch die Eingangsmeditation und sein Üben am Makiwara (Übungs-strohbündel) erreicht hat. Diese innere Ruhe, frei von äußerlichen Bindungen, sollte er, soweit es ihm möglich ist, auch dann beibehal-ten, wenn er gerade nicht schießt. Sein Schießen sollte er auffassen als die zunächst höchste Manifestation des Grades, den er auf dem Weg des Bogens, als Weg zu sich selbst, erreicht hat. Die letzte Bewährung jedoch findet nicht in der Bogenhalle statt: der entschei-dende Prüfstein ist das alltägliche Leben des Schützen selbst.

Nun setzt er die untere Bogenspitze auf sein linkes Knie und führt den Pfeil von vorn gegen den Bogen, wo ihn der Zeigefinger der linken Hand (Yunde, Bogenhand) hält. Die rechte Hand schiebt den Pfeil nun mit zwei kurzen Bewegungen so weit nach vorn in Richtung Ziel, bis er in die Sehne eingenockt werden kann. Die Bogenhand wird nun leicht seitwärts nach links gedreht, während die rechte Hand sich wieder an den Hüftknochen anlegt. Aus dieser Haltung entwickelt sich die nächste Stufe.

2. Dōzukuri – die Balance

Ein gutes Dōzukuri in Verbindung mit einem guten Stand (Ashibumi) ist die Basis für jeden befriedigenden Schuß. Bei unzureichendem, nachlässig ausgeführtem Dōzukuri ist ein guter Schuß auch dann nicht möglich, wenn alle folgenden Griffe und Bewegungen annähernd perfekt vollzogen würden, was jedoch durch mangelhaften Stand und schwache Balance nicht möglich ist: Bei schlechtem Dōzukuri lassen sich die folgenden Stufen nicht korrekt realisieren.

Der Körper muß absolut aufrecht stehen, mit dem Tanden als Schwerpunkt und Kraftzentrum für Haltung und Energieströme. Jede Bewegung, jede Konzentration, alles Handeln und Nicht-Handeln müssen vom Hara mit dem Tanden als Energiequelle ausgehen. Nur so kann der gesamte Körper mit all seinen Teilen als ein harmonisches Ganzes agieren. Nur so läßt sich die geistige Aufmerksamkeit konzentrieren, die auf keinen Fall durch äußere Einflüsse abgelenkt umherschweifen darf. Alle Gedanken an das Schießen selbst, aber auch an Dinge, die nichts damit zu tun haben,

wie zum Beispiel Zuschauer, denen man zeigen möchte, wie
«gut» man bereits schießen kann, müssen unbeachtet bleiben.
Unter keinen Umständen darf der Schütze irgendwelchen Ehrgeiz
in sich entwickeln, das wäre eins der größten Hindernisse für
einen gelungenen Schuß.

Körper und Geist haben im Unterbauch ihr Zentrum. Das
asiatische Handeln und Denken «aus dem Bauch heraus» ist nur
mit natürlich aufrechter Haltung und ruhiger Zwerchfellatmung
zu erreichen und beizubehalten. Der gesamte Stand muß so natürlich und ungezwungen fest sein, wie ein schwerer Felsblock
unbeweglich und durch nichts um ihn herum zu beeindrucken auf
dem Boden ruht. Manche Meister sagen, man solle dabei das
Gefühl haben, als ob beide Füße auf dem Schwanz je eines Tigers
stünden und man sie mit der im Tanden konzentrierten körperlich-geistigen Energie, die nach unten drückt, am Fortlaufen hin-
dere, sie am Boden festnagele. Der Meister prüft die Festigkeit
von Stand und Balance oft dadurch, daß er dem Schützen plötzlich unerwartet mit der Faust oder einem Pfeil in den Bauch oder
von hinten gegen das Rückgrat stößt. Bewegt ein solcher Stoß
den Körper des Schützen, sind innere und äußere Haltung unvollkommen, und er könnte nicht einmal eine ängstliche Maus
unter seinen Füßen festhalten.

Neben der geistig-körperlichen Konzentration auf den Unterbauch und der damit eng verbundenen Zwerchfellatmung wird
die Stabilität der gesamten Haltung noch dadurch unterstützt und
verstärkt, daß der Schütze seine Oberschenkelmuskeln und Knie-
gelenke auf natürliche Weise leicht gespannt und gestreckt hält.

Die Verbindungslinie zwischen beiden Schultern läuft parallel zur Verbindungslinie beider Leisten und zur Ashibumi-Linie beider Füße.

Der Kopf steht absolut aufrecht, wobei das Kinn leicht zum Hals hin angezogen wird.

Die obere Bogenkrümmung soll möglichst genau auf der Senkrechten liegen, die durch den Nabel führt.

Der Blick des Schützen ist auf einen etwa zwei Meter von ihm entfernten Punkt auf den Boden gerichtet.

Die korrekte geistig-körperliche Haltung, wie sie im Ashibumi und Dōzukuri angestrebt werden muß, ist das A und O jedes guten Schusses. Die Schwierigkeit besteht darin, die horizontalen Parallelen von Schultern, Leisten und Zehenspitzen und darüber hinaus auch die Vertikale von oberer Bogenkrümmung, Nase und Bauchnabel zu erreichen, dabei aber völlig unverkrampft, natürlich, ohne gewollte Kraftanstrengung unbeweglich und fest wie ein mächtiger Baum im Boden verwurzelt zu stehen und aufrecht «in den Himmel» zu ragen.

Diese Haltung kann nicht bewußt mit Willensanstrengung erreicht werden, da solches Wollen sein Zentrum im Kopf hätte und damit jedes Gleichgewicht sofort verhindert oder zerstört würde. Denkt man bewußt an einen der genannten Punkte, zum Beispiel an die Füße, dann wird sofort von einem anderen Punkt, zum Beispiel den Schultern, Aufmerksamkeit abgezogen, was diesen Punkt aus der Balance bringt. Bewußtes Denken muß so von einem Punkt zum anderen, wieder zurück zum ersten oder weiter zum nächsten pendeln. Die gesamte Körperhaltung gerät ins Wanken, denn bewußtes Denken ist selektiv und kann nicht alle Körperteile zur gleichen Zeit kontrollieren. Das Zentrum von Geist und Körper liegt unter dem Nabel. Rein äußerlich zeigt sich das in der Tatsache, daß der Mittelpunkt der Vertikalen zwischen der oberen Bogenkrümmung und dem Boden etwa in der Nabelgegend liegt.

Seit dem 12. Jahrhundert unterstrichen die japanischen Samurai die Bedeutung dieser Körperstelle auf ihre Art. Der rituelle Selbstmord, Seppuku oder in gewöhnlicherer Umgangssprache Harakiri (Bauchaufschneiden) genannt, schrieb vor, gerade diese Stelle aufzuschlitzen. Da der Bauch (Hara) als Sitz von Geist und Seele galt, legte der Samurai durch das Aufschneiden des Hara also seine Seele bloß, offenbarte seinen Geist und sühnte somit sein Verbrechen oder bewies damit seine Unschuld.

Die richtige Haltung des Dōzukuri ist nicht durch denkendes Kontrollieren und Korrigieren zu erreichen, sondern nur, indem man vom Bauch, genauer vom Unterbauch her, die Balance zu finden versucht und dabei mehr von Körpergefühl und Instinkt ausgeht als vom Intellekt. Wenn man den Oberkörper ruhig, sicher und fest auf dem Bauch ruhen fühlt – Ober- und Unterkörper dürfen niemals als getrennt empfunden werden –, durch Bauchatmung das Tanden stärkt, dort die mit der Luft aufgenommene kosmische Energie sich konzentrieren spürt und mit dem «geistigen Auge des Bauches» sieht, daß Geist und Körper völlig ruhig und unbewegt in harmonischem Ausgleich übereinstimmen, dann kann man sicher sein, daß innere und äußere Haltung zumindest in etwa angemessen sind. Der Rest ist unermüdliche Übung durch Probieren und am besten unter Kontrolle des Meisters.

Oft ist es für Anfänger schon schwierig, wenigstens die äußere Haltung in die genannten Parallelen und die so wichtige Vertikale zu bringen. Für diesen Fall kann einer der meist metergroßen Spiegel, die in jeder Übungshalle vorhanden sind, benutzt werden. Übt er vor einem solchen Spiegel, muß der Schütze möglichst von Beginn an versuchen, nicht nur äußerlich in den Spiegel zu starren, sondern in erster Linie mit dem inneren Auge zu sehen und den Spiegel nur als unbedeutendes Hilfsmittel zu betrachten. In dieser Form kann der Spiegel natürlich auch für alle anderen Hassetsu-Stufen benutzt werden.

Bevor der Schütze vom Dōzukuri zur nächsten Stufe übergeht, vertieft er seine innere und äußere Balance und seinen Stand abschließend und überleitend durch zwei- oder dreimaliges Atmen. Balance und Stand dürfen bis zum Abschluß des gesamten Schießvorgangs unter keinen Umständen verändert werden.

Ein Schütze in vollkommener innerer und äußerer Haltung des Dōzukuri ist in mancher Hinsicht einem in tiefe Meditation versunkenen Mönch vergleichbar. Obwohl der Bogenschütze natürlich nicht sitzt, entspricht er in seinen Bemühungen und Zielen denen des meditierenden Mönchs. Nicht ohne Grund waren im alten Japan die höchsten Kyūdō-Meister gleichzeitig auch Zen-Meister. Hier wie dort ist der Bauch als «Meer des Atems» das Zentrum dieser Haltung, hier wie dort muß mit dem Zwerchfell geatmet werden, um diese Haltung zu erreichen. Beim Bogenschützen wie beim Zen-Mönch dient die äußere Körperhaltung der inneren Haltung und ist zugleich ihre äußere Manifestation. Gleich sind auch die Ziele: Festigkeit und absolute Ruhe von Körper und Geist, frei und leer werden von Egoismus, Ehrgeiz und allen anderen äußerlichen Einflüssen, damit dem Einklang zwischen Umwelt, Kosmos und Innen des Schützen beziehungsweise des Mönchs Basis und Raum gegeben wird, die kosmischen Energien den

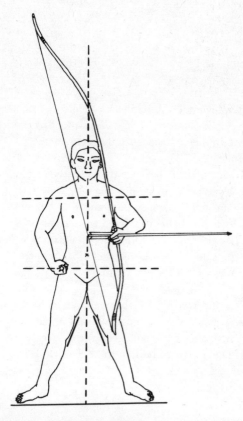

Dōzukuri – Balance und Konzentration

Der Bogen ruht auf dem linken Knie. Die Linien der Füße, des Beckens, des Pfeils und der Schultern liegen parallel zueinander. Die Mittellinie des absolut aufrecht stehenden Körpers führt senkrecht in Himmel und Erde. Jegliche innere oder äußere Verkrampfung würde diese Haltung verhindern. Durch auf das Tanden konzentrierte Bauchatmung entwickelt der Schütze die für die nächsten Schritte nötige Energie und Kraft. Der Mittelpunkt von Körper und Geist liegt in etwa dort, wo sich die senkrechte Mittellinie des Körpers und die Beckenlinie schneiden, im Tanden also.

Menschen ungehindert durchfließen können, er sie benutzen kann und sich so als Teil des Alls erlebt und als solcher handelt. Chuang-tzu beschreibt diesen Zustand folgendermaßen:

> Sein Leib ist starr wie trockenes Gebein,
> Wie tote Asche ist des Herzens Stille,
> Und sein Erkennen ging zur Wahrheit ein.
> Von der Bedingung Band ist frei sein Wille;
> Wogende Nacht stillt des Bewußtseins Wähnen.
> Zu Ende ist das Denken und das Sehnen.
> Was ist das für ein Mensch?[1]

Wunschlos wie «trockenes Gebein», durch nichts zu beeindrucken oder abzulenken, einzig und allein auf seine Aufgabe hat der Schütze seine ungeteilte Vollbewußtheit ohne Willensbeteiligung gerichtet. Diese innere Haltung sollte der Schütze am Ende seines Dōzukuri ausstrahlen.

3. Yugamae – vorbereitet sein

Bei der vorigen Stufe, dem Dōzukuri, liegt das Hauptgewicht und damit auch die Hauptschwierigkeit in der Balance zwischen Körper und Geist. Die folgende Phase enthält einige besonders komplizierte technische Handgriffe. Während der Schütze versucht, diese Griffe möglichst perfekt auszuführen, darf er jedoch durch diese Aktionen auf keinen Fall seine innere und äußere Haltung, wie er sie am Ende des Dōzukuri erreicht hat, beeinträchtigen, indem er sich gedanklich nun ganz auf die Griffe des Yugamae konzentriert. Würde der Schütze diese Griffe gedanklich bewältigen wollen, wäre seine Dōzukuri-Haltung augenblicklich zerstört oder verkrampft.

Auch das Üben des Yugamae muß mit nicht willentlich intendierter, aber voller und ungeteilter Konzentration auf den körperlich-geistigen Mittelpunkt, das Tanden, geschehen, damit die Handgriffe des Yugamae nicht in den Händen selbst ihren Ursprung haben, sondern der Impuls aus dem Unterbauch kommt. Hände und Arme führen also nur die Impulse aus, die zwar vom Gehirn ausgehen, sich aber erst im Unterbauch materialisieren. Hat der Schütze diese Bewegungen so weit automatisiert, daß sie ohne gewollte Beteiligung seines Willens seinem Innen «entströmen», gewinnt der Zuschauer den Eindruck, die Griffe des Yugamae führten sich von selbst aus, seien von eigenem Leben erfüllt, das seine Energie der Mitte des Schützen entnimmt. Bogen, Pfeil und die beiden Hände, die sie halten, sind dann zu einem untrennbaren Ganzen verschmolzen. Insgesamt umfaßt die Stufe Yugamae drei Hauptbewegungen:

a) *Torikake:* Die rechte Hand greift die Bogensehne und hält den Pfeil an der Sehne.
b) *Tenouchi:* Der Griff der linken Hand am Bogen.
c) *Monomi:* Der Blick auf das Ziel.

Wir wollen diese drei Hauptpunkte nun im einzelnen betrachten.

Torikake

Während der Bogen auf dem linken Knie steht, führt der Schütze die rechte Hand etwa zehn bis fünfzehn Zentimeter unterhalb des Pfeils an die Bogensehne und zwar so, daß er den Daumen des Hand-

Torikake

Die Bogensehne ist in die Kerbe an der Daumenwurzel des Handschuhs ein-
gehängt. Zeige- und Mittelfinger liegen mit ihrem ersten Glied auf dem Daumen.
Durch leichten Druck der rechten Hand nach innen, zum Körper hin, wird der
Pfeil fest auf der Sehne gehalten.

schuhs mit der Kerbe an der Daumenwurzel in die Sehne einhängen kann. Die Längsachse durch den Daumen bildet dabei mit der Sehne einen Winkel von neunzig Grad und verläuft parallel zum Pfeil. Die rechte Hand wird nun ruhig und gleichmäßig die Sehne entlang nach oben geführt, wobei der Daumen mit Mittelfinger und Zeigefinger ein «V» formen sollte, bis der Pfeil etwa zehn Millimeter über dem Daumen leicht am Zeigefinger anliegt. Nun schließt der Schütze den Griff, indem er den Mittelfinger und dann den Zeigefinger mit ihrem ersten Glied auf den Daumen legt; dabei üben diese beiden Finger einen gleichstarken sanften Druck auf den Daumen aus. In dieser Stellung dreht sich die ganze rechte Hand etwas nach innen, wodurch der Zeigefinger den Pfeil leicht gegen die Bogensehne und der Pfeil seinerseits gegen den Zeigefinger drückt.

Der Schütze muß darauf achten, daß die parallele Stellung von Längsachse des Daumens und Pfeil erhalten bleibt, nicht nur während des Yugamae, sondern bis zum Lösen des Schusses, dem Hanare. Darüber hinaus darf der rechte Ellenbogen nicht gesenkt werden, und alle Muskeln beider Arme müssen völlig entspannt sein. Jegliche Verkrampfung in Beinen, Armen, Schultern, Hals oder Händen würde die so wichtige innere und äußere, geistige und körperliche Harmonie, den Kern des Kyūdō, verhindern und keinen befriedigenden Schuß zulassen.

Tenouchi

Auch das korrekte Erfassen des Bogens durch die Bogenhand (Yunde) bietet keine geringen Schwierigkeiten, auch für erfahrene Schützen nicht.

Ist das Torikake abgeschlossen, führt der Schütze Pfeil und

Tenouchi

Der Griff der Bogenhand am Bogengriff. Das Daumenglied darf auf keinen Fall
gekrümmt und der Zeigefinger nicht um den Bogengriff herumgelegt werden.

Bogen so weit nach links, bis die rechte Hand sich in etwa vor der linken Brust befindet. Dabei dürfen weder das Ashibumi und Dōzukuri noch das Torikake, der Griff der rechten Hand an Pfeil und Bogensehne, verändert werden. Der Bogen steht mit seiner unteren Spitze weiterhin auf dem linken Knie. Indem die Bogenhand sich nun öffnet, bilden Zeigefinger und Daumen ein «V». Die restlichen Finger liegen dabei auf der gleichen Linie unverkrampft und gerade unter dem Zeigefinger.

Die rechte Hand zieht nun die Bogensehne an, jedoch nur so weit, daß die linke Hand dadurch eine ganz sanfte Spannung spürt. Der Schütze setzt nun das große Wurzelgelenk des Daumens fest an die rechte Kante des Bogengriffs und preßt dabei die Haut zwischen Daumen und Zeigefinger von unten her fest an den Bogen. Nun legt er zuerst den kleinen Finger um den Bogengriff herum, wobei der Finger die äußere Griffseite des Bogens nicht berühren darf. Der kleine Finger muß soweit wie möglich nach oben in Daumennähe gelegt werden. Zwischen Daumen und kleinen Finger legt man nun zuerst den Ring- und dann den Mittelfinger, die dabei ebenfalls die Rückseite des Bogens nicht berühren. So bleibt zwischen den vier Fingern und der Rückseite des Bogengriffs ein Hohlraum, in den sich bequem ein Bleistift stecken ließe. Danach legt der Schütze den Daumen über den Nagel des Mittelfingers. Daumen, Mittel-, Ring- und kleiner Finger liegen fest aneinandergepreßt um den Bogengriff, halten aber den Bogen selbst so leicht wie möglich. Der Daumen darf unter keinen Umständen nach unten gekrümmt werden. Die nötige Festigkeit gewinnt diese Art des Griffs, indem man, wie oben beschrieben, die Haut zwischen Daumen und Zeigefinger möglichst fest von unten her an die innere Griffseite des

Das Tenouchi von außen gesehen.

Bogens preßt. Die Nägel von Mittel-, Ring- und kleinem Finger liegen auf einer geraden Linie. Der Daumen liegt, von der Seite her gesehen, im rechten Winkel an der Bogenkante an. Der Zeigefinger kann, je nach Belieben des Schützen, leicht gekrümmt werden oder gestreckt ohne Kraftanstrengung auf das Ziel weisen, darf aber in keinem Fall um den Bogengriff herumgelegt werden. Die Schultern müssen hier, wie während des gesamten Schießvorgangs, eine absolut gerade Linie bilden. Nach Abschluß des Tenouchi steht der Bogen noch auf dem linken Knie des Schützen.

Monomi
Während die untere Bogenspitze noch auf dem linken Knie ruht, spannt der Schütze seinen Bogen ein wenig und wendet ihn so weit nach links, bis der Pfeil in etwa auf das Ziel weist und die rechte Hand, die Sehne und Pfeil hält, ungefähr vor dem Bauchnabel ruht. Dabei darf der Rumpf nicht mit nach links gedreht werden, sondern muß fest und sicher in der Dōzukuri-Stellung verbleiben. Der Schütze wendet nun seinen Blick in Richtung auf das Ziel. Dabei dürfen Kopf, Hals und Nacken unter keinen Umständen nach hinten oder vorn gebeugt werden, sondern müssen absolut senkrecht stehen. Der Blick führt geradewegs über die linke Schulter. Bevor er die Zielmarke trifft, ruht der Blick einen kurzen Moment auf der Mitte des Pfeilschaftes und wandert dann ruhig die Pfeillinie entlang direkt in die Zielmitte, die er bis zum Abschluß des gesamten Schießvorgangs auf diese Weise ruhig, aber bestimmt fixiert. Das muß ohne krampfhaftes Starren geschehen.

Das Monomi ist die letzte vorbereitende Stufe, und der Schütze muß jetzt, während sein Blick die Pfeillinie entlangwandert und ins

Ziel trifft, noch einmal seinen Atem kontrollieren und, wenn nötig, regulieren. Die psychische Energie und innere, nicht gedankliche, Willenskraft müssen ausschließlich auf den Schießvorgang konzentriert sein.

Das Wort Monomi ist zusammengesetzt aus *mono* («Ding, Sache») und dem Stamm des Wortes *miru* («sehen»). Wollte man nun Monomi einfach mit «Zielen» übersetzen, bliebe man im Oberflächlichen stecken. Monomi bedeutet beim Kyūdō nämlich soviel wie «den Blick ins Ziel versenken», es nicht mehr loslassen – und das, *bevor* der Bogen zum Abschuß gehoben und gespannt wird. Mit dem Ausdruck Mikomi (*miru*, «sehen»; *komu*, «versenken, festsetzen») wird die Endstufe des Monomi bezeichnet und ein Grad von innerer Konzentration und Versenkung in das Ziel impliziert, den unser Ausdruck «Zielen», der sich mehr auf den äußerlichen, physisch-technischen Vorgang bezieht, nicht beinhaltet.

Letztlich soll der Kyūdō-Schütze seinen Blick derart fest auf das Ziel konzentrieren, sich so unerbittlich und ruhig ins Ziel versenken, daß er eigentlich gar nicht mehr anders kann, als es zu treffen. Nach dem Gesagten erübrigt sich eigentlich der Hinweis, daß der Kopf von nun an bis zum Lösen des Schusses niemals schwanken darf, die Augen nicht zwinkern, auch wenn eine Mücke um sie herumkriecht, nicht blinzeln oder sich auch nur um den Bruchteil einer Sekunde vom Ziel abwenden dürfen.

Monomi

Der Abschluß des Yugamae. Nachdem der Schütze das Torikake und Tenouchi abgeschlossen hat, faßt er das Ziel ins Auge und läßt es von nun an bis zum Lösen des Schusses nicht mehr aus dem Blick.

Der Abschluß des Yugamae

Yugamae bedeutet «vorbereitet sein», und zwar sowohl von der
innerlichen Konzentration her gesehen als auch äußerlich vom
technischen Aspekt her betrachtet: Geist, Körper und Technik –
jeder dieser drei Aspekte bedingt den anderen, die Qualität des
einen hängt von der Qualität des anderen ab. Trotzdem kommt der
geistigen Haltung eine graduell wichtigere Rolle zu. Sie kann
leichtere Mängel in Körperhaltung und Technik zwar nicht beheben, aber bis zu einem wenn auch geringen Grade glätten, wenn der
Schütze ein entsprechendes Mehr an innerer Konzentration erreicht, das ihm hilft, diese nicht elementaren Mängel intuitiv zu
korrigieren. Meist läßt sich ein solches intuitives Ausgleichen
jedoch beim nächsten Schuß nicht wiederholen. Der Schütze muß
seine Fehler in Körperhaltung und Technik dann durch anfangs
bewußte Übung überwinden.

Allen drei Aspekten liegt essentiell das richtige Atmen zugrunde.
Korrektes Bauchatmen ist die Basis sowohl aller technischen Griffe
als auch für Körperhaltung, geistige Haltung und Konzentration.
Am Ende des Yugamae müssen Geist und Atem so konzentriert und
substanzialisiert sein, daß man das so gewonnene Ki (chin. Ch'i),
jene lebenswichtige kosmische und psychische Feinenergie, spürbar
in die Zentren beider Füße, beider Knie und den Unterbauch leiten
kann. Obwohl beim Yugamae (wie bei den folgenden Stufen auch)
äußerlich betrachtet nur die obere Körperhälfte agiert, muß die
geistig-körperliche Energie in die untere Sektion fließen und dort
wirken. Dadurch erreicht der Schütze, daß Ober- und Unterkörper
nicht in zwei Hälften zerfallen, sondern bis zum Ende des Schießvorgangs eine Einheit bilden. Darüber hinaus können auf diese

Weise alle Aktionen der oberen Körpersektion, nämlich die der Hände und Arme, beim Torikake und Tenouchi bis hin zum Wenden des Kopfes beim Monomi vom Geist-Körper-Zentrum, dem Hara mit dem Tanden als seinem Zentrum, initiiert werden.

4. Uchiokoshi – das Heben des Bogens

Während der Blick weiterhin unbeirrt das Ziel «festhält», hebt der Schütze nun mit beiden Händen den Bogen so weit, bis der Pfeil etwa fünf Zentimeter waagerecht über dem Kopf steht und die rechte Hand, die den Pfeil in die Bogensehne eingenockt hält, sich etwa zehn Zentimeter über dem rechten Auge befindet. Das Heben muß mit dem Bewußtsein geschehen, als drücke man mit Händen und Bogen schwere Luftmassen langsam, aber stetig nach oben, was nur gelingen kann, wenn man die Hände mit Pfeil und Bogen ruhig und bedächtig nach oben führt. Dabei dürfen die Schultern nicht mitbewegt werden, sondern müssen, wie seit dem Dōzukuri, unverändert parallel zur Hüftlinie und zur Linie der Füße stehen. Natürlich hebt der Schütze beide Hände gleichzeitig, damit der Pfeil nahezu waagerecht zu Schulter-, Hüft- und Fußlinie und Boden liegt; er weist mit der Spitze nur ganz wenig nach unten, so daß gerade noch ein Wassertropfen von ihm abfließen könnte (Mizunagare).

Innerlich kommt es hier darauf an, den Bogen völlig frei von jeglicher unnatürlichen psychischen und physischen Anstrengung ruhig und waagerecht zu heben. Der Schütze muß voll natürlicher Aufmerksamkeit, hellwach, aber ohne gewollte Anspannung einzig und allein auf den Akt des Schießens konzentriert sein; ob sich nun eine Mücke in seinem Gesicht zu schaffen macht oder der Boden unter seinen Füßen zu beben beginnt, nichts darf seine Konzentration beeinträchtigen. Leicht und fest steht er wie im Boden verwurzelt, während er bedächtig den Bogen nach oben, «dem Himmel entgegen», führt. Niemals darf seine geistig-körperliche Feinenergie dabei auf einen besonderen Körperteil allein gerichtet sein, insbesondere nicht auf Schultern und Brust. Diese aus kosmischer Energie durch die Atemtätigkeit gewonnene Feinenergie muß wieder in der körperlich-geistigen Mitte, dem Hara mit seinem Tanden-Zentrum, konzentriert beziehungsweise verdichtet sein und von dort in Hüften und Fußzentren gelenkt werden.

Bevor der Schütze mit dem Uchiokoshi beginnt, sollte er am Ende des Yugamae ausgeatmet haben und nun zu Beginn des Hebens erneut ruhig und tief einatmen, das heißt, besonders seinen Unterbauch mit Luft und damit mit kosmischer Energie füllen. Die Lungen erhalten automatisch auch Luft, wenn mit dem Bauch geatmet wird, der Schütze braucht sich also überhaupt nicht um sie zu kümmern. Würden die Lungen übermäßig mit Luft gefüllt, bestünde die Gefahr, daß unnötig viel Energie in die obere Körpersektion strömt und dadurch der Bauch seine Funktion als Mittelpunkt aller psychischen und körperlichen Aktionen während des Schießvorgangs verliert, sich das Energiezentrum nach oben verlagert und die obere Körperhälfte getrennt und isoliert von der unteren zu handeln versucht, was sie aber unmöglich kann. Sofort ginge der Stand der Füße verloren, die geistige Konzentration von der Mitte her würde zerstört, die feste Körperhaltung und Balance gerieten ins Wanken, die einzelnen Körperteile würden ohne

Bezug zueinander agieren, und die psychisch-körperlich-techni-
sche Einheit des gesamten Schießvorgangs zerfiele in Bruchstücke.

Während der Schütze den Bogen nun so hebt, daß der Pfeil immer
nahezu waagerecht zum Himmel, den Schultern, der Hüftlinie und
zum Boden steht, beginnt er also mit erneutem Einatmen. Dieses
Einatmen darf nicht enden, bevor das Heben abgeschlossen ist, und
auch nicht danach. Von seinem ersten Üben an sollte der Schütze
sich bemühen, mit dem Luftvolumen dieses Atemzugs bis zum
Abschluß des Schießvorgangs auszukommen; von nun an sollte er
möglichst nicht mehr neu einatmen. Das ist aber nur möglich, wenn
er alle mit dem letzten Einatmen aufgenommene Energie im Tanden
konzentriert und von dort hauptsächlich nach unten in Beine und
Füße weiterleitet. Die Heberichtung des Bogens geht zwar nach
oben, die Energierichtung jedoch in jedem Falle bis zum Abschluß
des Schießvorgangs nach unten, denn nur so bleibt die feste geistig-
körperliche Mitte, ein energiegefüllter Unterbauch nämlich, bis
zum Lösen des Schusses gewährleistet, was Voraussetzung für das
Lösen des Schusses «vom Bauch her» ist.

Für dieses «Timing» des Atmens gibt es noch eine andere Methode, die zu empfehlen ist, wenn der Schütze das Gefühl hat, mit
dem beim Uchiokoshi eingesogenen Sauerstoff nicht bis zum Ende
des Schießvorgangs auszukommen: In diesem Fall atmet man
während des Spannens des Bogens wieder aus, indem man die Luft
mit Hilfe der Muskeln des Unterbauchs nach unten und nach außen
preßt und dann, wenn die Bogensehne voll ausgezogen ist, erneut
einatmet. Diese Methode ist der ersteren ebenbürtig, kann aber,
zumal bei Anfängern, den Nachteil mit sich bringen, daß die
Energiekonzentration im Unterbauch noch einmal unterbrochen

wird beziehungsweise stockt und beim Spannen des Bogens erneut einsetzen muß. Das wiederum kann, so kurz vor dem Abschuß des Pfeils, die Balance und Einheit von unterer und oberer Körpersektion beeinträchtigen. Sind diese Balance und Einheit und die damit verbundene sichere Festigkeit der körperlichen und geistigen Haltung beim Abschluß des Uchiokoshi jedoch nicht erreicht oder durch äußere Einflüsse oder geistige Konzentrationsmängel gestört, dann allerdings sollte der Schütze während des gesamten Spannens erneut einatmen und so versuchen, seine geistige und körperliche Haltung zu korrigieren.

5. Hikiwake – das Spannen

Spätestens beim Spannen zeigt sich, ob der Schütze von «innen her» schießt oder ob er nur äußerlich Körperkraft, Technik und wollendes Denken einsetzt. Obwohl das Spannen, entsprechend der Zugstärke des Bogens, einige Kraft erfordert, darf diese Kraft nämlich unter keinen Umständen allein aus den Armmuskeln bezogen werden. Sie muß vielmehr im Tanden ihren Ursprung haben, das heißt, sie muß vom Unterbauch aus nach oben fließen. Würde sie nur in den Armmuskeln entwickelt, gingen der feste Stand des Dōzukuri, die Ganzheit von Ober- und Unterkörper und damit auch die geistige Vollbewußtheit und Ruhe des Schützen verloren.

Nach dem Uchiokoshi drückt die linke Hand den Bogen nach vorn in Richtung Ziel, und fast gleichzeitig beginnt die rechte Hand, die Bogensehne nach hinten zu ziehen. Eigentlich jedoch zieht nicht die rechte Hand selbst, sondern hält nur den Pfeil auf der Sehne und läßt sich von der Kraft des rechten Ellenbogens ziehen. Dabei tendiert die Handfläche leicht nach unten, während das Handgelenk nahezu gestreckt ist.

Der japanische Bogen wird also nicht durch einseitiges Zurückziehen der Sehne gespannt, sondern muß gleichzeitig mit dem Ziehen nach hinten auch nach vorn gedrückt werden (mit der Yunde, der Bogenhand). Drücken und Ziehen dürfen nicht gewaltsam, sondern müssen ruhig und bestimmt geschehen, wobei der Schütze das Gefühl haben muß, das Drücken sei stärker als das Ziehen. Durch diese Gleichzeitigkeit von Drücken und Ziehen bleibt der Pfeil bis zum Abschuß in fast waagerechter Position zum Boden. Wenn die Pfeilfedern sich etwa zehn Zentimeter über dem rechten Auge befinden, beginnt die rechte Hand (beziehungsweise der Ellenbogen) die Bogensehne nach unten zu ziehen, bis der vordere Federansatz sich etwas hinter dem Mund befindet und der Pfeilschaft den rechten Mundwinkel leicht berührt (Hozuke). Während die rechte Hand (Ellenbogen) die Sehne nach unten zieht, senkt sich natürlich auch die Bogenhand: Beide Hände bilden bis zum Abschuß eine Waagerechte.

Sein größtes Augenmerk während des Hikiwake (von *hiki*, «ziehen», und *wakeru*, «teilen») muß der Schütze, natürlich mittels innerer Aufmerksamkeit ohne Beteiligung des Willens, auf seine Schultern richten. Diese müssen unbedingt auf einer Geraden liegen: sie dürfen auf keinen Fall hochgezogen oder nach oben gespannt sein (was sich infolge der Ziehbewegung des rechten Arms leicht ergeben kann), sich in unterschiedlicher Höhe befinden oder seitlich verschoben sein. Diese gerade Linie kann nur erreicht

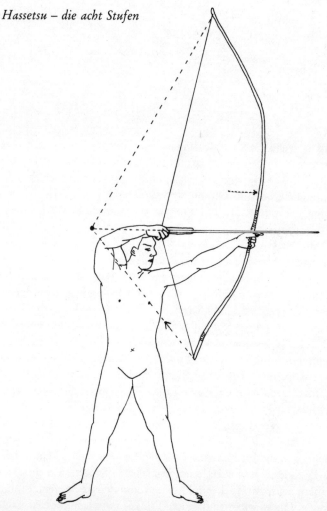

Hikiwake – das Spannen des Bogens (1)

Das Uchiokoshi ist abgeschlossen und geht in das Hikiwake, das Öffnen und Spannen des Bogens, über. Die linke Hand drückt nach vorn, während die rechte Hand mit der Kraft des Ellenbogens die Sehne nach hinten zieht. Quelle und Zentrum der zum Spannen nötigen Kraft ist das Tanden.

werden, wenn die Kraft des linken Arms, die den Bogen nach vorn drückt, voll in den Bogen strömt und nicht in der linken Schulter oder im linken Handgelenk steckenbleibt. Außerdem darf nicht die rechte Hand oder ihr Gelenk die Sehne spannen, sondern alle zum Spannen nötige Kraft und Energie muß im rechten Ellenbogen konzentriert sein.

Beim Nach-vorn-Drücken des Bogens durch den linken Arm (nicht seine Hand) darf die dazu nötige Energie nicht im Handgelenk oder Ellenbogen des linken Arms entwickelt, sondern muß der linken Schulter entnommen werden. Das wiederum ist nur möglich, wenn der Schütze die linke Schulter nach unten und leicht nach vorn drückt, wodurch sie fest auf dem Oberkörper ruht, der seinerseits fest auf der unteren Körpersektion steht. So gelangt auch die Schulter in Kontakt mit dem Tanden und kann von dort mit Energie gespeist werden; reine Muskelkraft ist also nahezu unnötig. Noch ein wichtiger Punkt ist, daß auf diese Weise beide Schultern eben und waagerecht bleiben, vorausgesetzt, daß nicht das rechte Handgelenk, sondern der rechte Ellenbogen die Energie zum Spannen der Bogensehne liefert. Gäben das linke Handgelenk oder der linke Ellenbogen die Energie zum Drücken und das rechte Handgelenk die Energie zum Ziehen, dann lägen beide Schultern nicht eben, sondern würden Höcker bilden und könnten keine gerade Linie formen: Die so wichtige Balance (Tsuriai) zwischen Bogenarm und rechtem Arm würde verhindert oder zerstört.

Ist das Spannen abgeschlossen, berührt die rechte Hand fast die Schulter. Der Pfeil liegt nun parallel zur Linie beider Schultern, zur Beckenlinie und zur Ashibumi-Linie beider Füße. Die Bogensehne berührt die Brust, und der Pfeil liegt leicht an der rechten Wange an

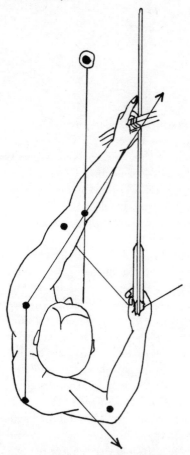

Hikiwake (2)

Der Beginn des Öffnens und Spannens von oben gesehen. Höchstes Augenmerk verlangen die Schultern: sie müssen unbedingt auf einer Ebene und parallel zur Linie des Pfeils liegen. Der Blick des Schützen verläuft über die Innenseite des Ellenbogens direkt ins Ziel. Die Ellenbogen werden kontinuierlich gestreckt. Die eingezeichneten Pfeile markieren die Richtung des Energie- und Kraftstroms während dieses Streckens.

(Hozuke): Die «Balance der Großen Drei», Daisan-no Tsuriai, ist erreicht – die Einheit von Bogenhand, rechter Hand und rechtem Ellenbogen. Andere Ausdrücke dafür sind Sō-no Osamari («die endgültige Form beider Seiten») und Chichi-Haha-no Osamari. «Osamari» bedeutet in etwa «zum Abschluß bringen», impliziert aber auch den Aspekt des Erfolges, so daß wir es auch mit «erfolgreicher Abschluß» wiedergeben könnten. «Sō» bedeutet ganz einfach «beide», den linken und rechten Arm nämlich. «Chichi» ist der Vater und «Haha» die Mutter, Chichi-Haha-no Osamari drückt demnach eine vollkommene, vollendete Beziehung zwischen Vater und Mutter aus, eine sehr treffende Metapher für die Harmonie zwischen Bogenarm und rechtem Arm. In einem auf das Bogenschießen bezogenen Gedicht werden die beiden Hände mit Sonne und Mond verglichen, was auch auf die Beziehung des Bogenschießens zum Taoismus hinweist, der die Sonne dem Yang und den Mond Yin zuordnet, von deren harmonischem Zusammenwirken letztlich Glück und Unglück des Menschen abhängen.

Letzte Grundlage dieser Balance oder Harmonie der «Großen Drei» ist korrektes Bauchatmen. Während der rechte Arm (beziehungsweise der Ellenbogen) zieht und der linke Arm (beziehungsweise die Schulter) drückt, hält der Schütze die beim Uchiokoshi eingeatmete Luft im Tanden konzentriert. Je weiter er den Bogen spannt, desto stärker drückt er diese Luft ohne besondere Kraftanstrengung in den unteren Teil des Unterbauchs, wo sie sich zunehmend in geistig-körperliche Energie umwandelt. Er fühlt, er hat mit dem Einatmen nicht nur Luft, sondern einen Teil der kosmischen Feinenergie aufgenommen, die nun in ihm wirkt, seinen Geist beruhigt und unempfindlich macht gegenüber allen

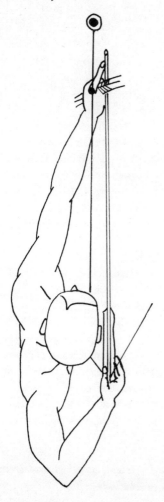

Hikiwake (3)

Das Strecken bzw. Drücken der Schultern ist fast schon in die nächste Stufe, das Kai, übergegangen. Schulter- und Pfeillinie bilden in etwa eine Parallele. Der Blick des Schützen führt nun über die Wurzel des linken Zeigefingers direkt ins Ziel.

störenden Einflüssen. Sie verleiht seiner Haltung die Festigkeit eines Felsens, so daß Oberkörper und Unterkörper eine sichere Einheit bilden. Sein ganzer Körper mit dem Tanden als Mittelpunkt und Mitte scheint unbeweglich im Boden verwurzelt.

Ist das Hikiwake zu seinem vollendeten Abschluß gekommen, hat der Schütze neben den oben erwähnten Parallelen die folgenden sogenannten «Fünf Kreuze» erreicht: die Kreuze zwischen

> dem Bogen und dem Pfeil,
> dem Daumen des Bogenhandschuhs und der Sehne,
> der Bogenhand und dem Bogen,
> dem Rückgrat und beiden Schultern,
> der Halsschlagader und dem Pfeil.

Sind die Parallelen und diese fünf Kreuze gegeben, erscheint das Spannen des Bogens, frei von jeder unnatürlichen Kraftanstrengung, als völlig ruhiger, harmonischer Vorgang, bei dem Bogen, Pfeil und Schütze sowie der Makrokosmos, in dem sie agieren, zu einem wahrhaft vollendeten Ganzen verschmolzen sind.

6. Kai (Nobiai, Jiman) – letztes Strecken und Dehnen, die letzte Konzentration vor dem Abschuß

In dieser Phase werden keine neuen Bewegungen ausgeführt; hier geht es vielmehr um die Intensivierung des bis jetzt erreichten Stadiums in körperlicher und psychischer Hinsicht. Mit dem Abschluß des Hikiwake hat der Schießvorgang seinen Höhepunkt, das Hanare, das Lösen des Pfeils, fast erreicht. Obwohl keine neuen Handgriffe und Bewegungen mehr stattfinden, ist gerade das Kai von ausschlaggebender Bedeutung für die Qualität des Schusses. «Kai» bedeutet hier in etwa, den genau richtigen Moment des Abschusses zu treffen, zu erreichen oder diesem Moment zu «begegnen». Damit ist angedeutet, daß dieser Moment nicht durch intentionales Wollen herbeigeführt werden kann.

Während der Bogen in vollem Auszug gehalten wird (Jiman), kommt es darauf an, Geist, Körper und Bogen in harmonischer Einheit zu halten und vor allem die körperlich-geistige Energie kontinuierlich bis zum äußersten Extrem zu konzentrieren (Yagoro), sie auf ihr Maximum hin anzuspannen. Nur so kann der Moment des Abschusses intuitiv erfaßt werden. Der Pfeil löst sich als Ergebnis dieser letzten Konzentration nahezu «von selbst», denn wenn dieses Maximum an psychisch-körperlicher Anspannung erreicht ist, besteht die natürliche, vom Willen nicht abhängige Reaktion von Geist und Körper in der Auflösung dieser Spannung, im Lösen des Pfeils von der Sehne. Neben der psychischen Konzentration bezieht sich diese Anspannung auf:

das Drücken der Bogenhand;

das Strecken der rechten Hand;

die linke Schulter, die absolut eben und nach vorn gestreckt liegen muß;

die rechte Schulter, die absolut eben und nach hinten gestreckt liegen muß;

die Brust, deren linke Hälfte sich so weit wie möglich nach links und deren rechte Hälfte sich so weit wie möglich nach rechts dehnen muß.

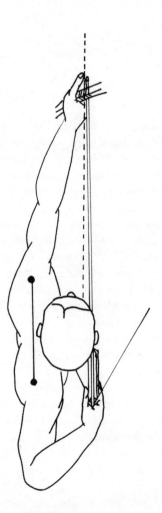

Kai (1)

Das Öffnen und Spannen (Hikiwake) ist abgeschlossen. Der Pfeilschaft berührt die rechte Wange. Schulter- und Pfeillinie liegen fast parallel zueinander. Der Blick des Schützen führt von der linken Bogenkante direkt ins Ziel, wobei der Bogen die rechte Hälfte der Zielscheibe verdeckt.

Die auf diese fünf Punkte bezogene letzte Anspannung wird im Kyūdō auch Gobu-no Tsume genannt. Manche Meister beziehen sich auf das alte taoistische Yin-Yang-Schema, indem sie das letzte Strecken und Ziehen der rechten Hand und das Strecken der rechten Schulter als Yin-Anspannung und das letzte Drücken und Strecken der Bogenhand und der linken Schulter als Yang-Anspannung bezeichnen.

Das letzte Dehnen und Strecken der Brust gleichzeitig nach links und rechts nennt man Nobi, wobei sich auf keinen Fall das Rückgrat aus seiner senkrechten Lage verschieben darf.

Der Schütze überprüft noch einmal instinktiv, ob er die «Fünf Kreuze» der Hikiwake-Stufe erreicht hat, und ganz besonders, ob beide Schultern wirklich eben liegen und so weit nach vorn zum Ziel hin beziehungsweise nach hinten gestreckt liegen, wie es ohne krampfhafte Kraftanstrengung möglich ist. Erst wenn der obere Teil der Kerbe im Daumen des Handschuhs den Spannungsdruck der Bogensehne aufnimmt, können beide Schultern leicht und auf natürliche Weise nach vorn und nach hinten gestreckt werden.

Rückgrat und Nacken sind senkrecht nach oben gestreckt, als wolle der Kopf durch die Decke in den Himmel stoßen.

Die Füße stehen weiterhin natürlich fest auf dem Boden, die Linie beider Hüften liegt parallel zur Linie der Füße, zur Schulterlinie und zum Pfeil.

Das Zentrum aller Kraft und Energie ist weiterhin und ganz besonders während dieser Phase das Tanden. Wenn die Energieansammlung im Unterbauch ihren Höhepunkt erreicht hat und der Schütze fühlt, daß ein Wärmestrom (bzw. warmer Energiestrom) in beide Füße fließt und der Oberkörper ruhig und fest auf der unteren

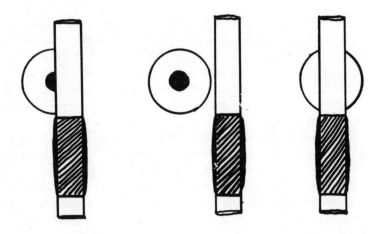

Die drei Arten des Zielens

a) «Halbmond» – die gebräuchlichste Art des Zielens (Monomi). Das rechte
   Auge blickt so oberhalb des Griffs auf den Bogen, daß dieser das Ziel genau
   zur Hälfte verdeckt. Das linke Auge blickt währenddessen direkt auf das Ziel.

b) «Aufgehender Mond» – bei dieser Zielweise wird das Ziel knapp links neben
   dem Bogen für das rechte Auge vollständig sichtbar (Ariake).

c) «Eklipse» – das rechte Auge blickt so, daß der Bogen genau die Zielmitte verdeckt, ähnlich, wie der Mond bei einer Eklipse die Sonne verdunkelt (Yami).

Körpersektion steht, dann hat er den Höhepunkt des Schießvorgangs erreicht: Geist, Körper und Bogen sind eins, er hat den Moment des Abschusses erreicht.

An dieser Stelle noch ein Wort zum Zielen. Beim Monomi des Yugamae ist die Scheibe links neben dem linken Ellenbogen sichtbar gewesen und beim Hikiwake links neben der Bogenhand. Das rechte Zielen soll mehr mit dem geistigen, inneren Auge geschehen als mit dem wirklichen Auge. Der Geist muß dabei so ruhig sein wie die Oberfläche eines spiegelglatten stillen Teichs. Der Schütze ist dann in der Lage, so zu zielen, als würde er seinen Blick auf eine sacht vom Himmel fallende Schneeflocke heften und sie keinen Augenblick aus den Augen lassen, bis sie den Erdboden berührt. Das biologische Auge zielt zur Unterstützung des inneren Auges, und der Schütze hat das Gefühl, als würde er das Ziel mit der Energie seines Bogens illuminieren.

Technisch gesehen zielt der Schütze mit dem rechten Auge so über die linke Kante des Bogens, daß die linke Bogenkante die rechte Hälfte der Zielscheibe verdeckt, also nur deren linke Hälfte sichtbar ist. Von dieser Grundregel kann der Schütze abweichen, wenn er das Ziel trotz ernsthafter Bemühungen auf dem beschriebenen Weg immer wieder verfehlt. Er kann dann so zielen, daß die Mitte der Scheibe vom Bogen völlig verdeckt wird, eine Zielweise, die Yami, Eklipse oder Sonnen- und Mondfinsternis, genannt wird. Trifft er auch auf diese Weise nicht, kann der Schütze auch so zielen, daß die linke Bogenkante die Scheibe nur an ihrem äußersten rechten Ende berührt, das Ziel also links von der linken Bogenkante voll sichtbar ist. Diese sehr seltene Art nennt man Ariake oder «aufgehender Mond». Es erübrigt sich eigentlich, darauf hinzuweisen, daß Fehler

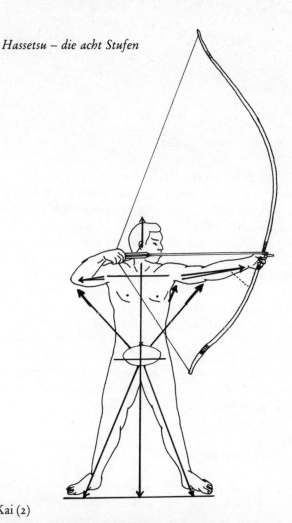

Kai (2)

Die letzte Konzentration von Körper und Geist vor dem Lösen des Pfeils. Der Schütze erwartet ohne willentliche Anstrengung den Moment, in dem der Pfeil gleichsam wie von selbst die Bogensehne verläßt. Sein Körper steht absolut aufrecht, «ragt» in den Himmel und ist fest in der Erde verwurzelt. Die Schulterlinie liegt parallel zur Pfeillinie und schneidet die Mittellinie des Körpers im rechten Winkel. Die eingezeichneten Pfeile markieren die Richtung der vom Tanden ausgehenden Energie und Kraftströme.

in den einzelnen Bewegungen, Handgriffen und vor allem Mängel
in der absichtslosen Konzentration niemals bewußt durch von der
Norm abweichendes Zielen ausgeglichen werden können und dürfen. Zufallstreffer wären dann das peinliche Ergebnis.

Während des gesamten Kai muß das intentionale Denken des
Schützen auf ein Minimum beschränkt bleiben und sollte bei
fortgeschritteneren Schützen schließlich ganz wegfallen. Das Gehirn gibt, möglichst ohne Beteiligung des Intellekts, intuitiv den
Impuls, den Auftrag für die jeweilige Bewegung an den Unterbauch, der diesen Impuls dann materialisiert und die entsprechende
Aktion ausführen läßt. Auch das letzte Überprüfen, ob die «Fünf
Kreuze» erreicht sind, und insbesondere, ob die Schultern wirklich
eben liegen, muß vom Hara und Tanden her geschehen. So, wie
beim Zielen in erster Linie das innere Auge sieht, so «denkt» beim
Kai, wie bei den anderen Stufen auch, der Bauch.

7. Hanare – das Lösen des Schusses

Im Hanare kulminiert der gesamte bisherige Schießvorgang. Dieser
Höhepunkt tritt automatisch, ohne wollendes Zutun des Schützen,
dann ein, wenn die geistige und körperliche Spannung der Kai-
Phase ihren Höhepunkt erreicht hat. Die Qualität des Schusses
hängt ab von einem möglichst ungewollten Lösen des Pfeils. Dieses
Lösen muß als die natürliche Vollendung und als das natürliche
Ergebnis aller vorherigen Handgriffe, Bewegungen und der geistig-
körperlichen Konzentration sozusagen «von selbst» eintreten, ähnlich, wie eine überreife Frucht auf ganz natürliche Weise platzt oder

aufbricht, wie eine Knospe sich öffnet, wenn der richtige Zeitpunkt dafür gekommen ist. Daß die Frucht aufbricht und die Knospe sich öffnet, liegt nicht in ihrem eigenen Wollen, sondern im Wesen ihres Daseins begründet. Frucht und Blume selbst sind ohne Wollen, und was sie erfüllen, ist nichts weiter als das ewige kosmische Gesetz der Natur, das sich auf diese Weise in ihnen offenbart.

Dieses Gesetz wirkt auch im Menschen und offenbart sich durch ihn, und der letzte Sinn aller tieferen Übung liegt darin, den verlorenen Einklang mit diesem Gesetz und Wirken wiederzuerlangen. Der Grad an Übereinstimmung mit diesem Wirken, den der Bogenschütze bisher erreicht hat, zeigt sich im Moment des Hanare in ungetrübter Klarheit: Nur wenn seine Gedanken leer sind, wenn Geist und Körper mit allen Fasern und Nerven ganz im Vorgang des Spannens und Zielens aufgegangen sind, nur wenn der Schütze sich voll auf das Ziel konzentriert, besser: sich voll und ganz in das Ziel versenkt hat, wenn er im Spannen des Bogens ohne Wollen von seinem kleinen Ich frei geworden ist und sich damit seinem umfassenden Ich geöffnet hat – nur dann wird sein Schuß mehr als einfaches Schießen auf die Scheibe, ein lächerliches Stück Papier, das durchbohrt werden soll. Sein Schießen ist dann wirklich zu einem Weg geworden, zu einem Teil des Weges zu sich selbst. Der Weg des Bogens hilft ihm, zur Großen Einheit zurückzufinden, und an der Qualität seines Hanare läßt sich messen, wie weit ihn seine Übung bisher gebracht hat.

Auch vom Technischen her bereitet das Lösen des Pfeils nicht unerhebliche Schwierigkeiten. Beide Schultern müssen nach Vollendung der Kai-Phase weiterhin absolut eben liegen und ihr Drükken nach vorn und Ziehen nach hinten verstärken. Das Zentrum des

Ziehens liegt nach wie vor im rechten Ellenbogen, niemals im rechten Handgelenk. Der gesamte rechte Unterarm dreht sich mitsamt der Hand langsam, ohne Unterbrechung zum Körper hin, so weit nach innen (Hineri), bis die Bogensehne durch das Drükken der Bogenhand aus der Sehnengrube oder Sehnenkerbe des Schießhandschuhs gelöst wird. Der rechte Arm schnellt dann intentionslos kraftvoll nach hinten und verbleibt vorerst in dieser Position, bis zur nächsten Stufe, dem Zanshin. Während die Bogenhand den Bogen weiter nach vorn und gleichzeitig leicht nach unten drückt, muß sie den Bogen um eine Idee nach links drücken, da der japanische Kyūdō-Bogen an seiner rechten Seite keine Aussparung für den Pfeil hat und dieser somit zu weit nach rechts fliegen würde, wenn der Bogen nicht leicht nach links gedreht würde.

Das Drücken und Drehen, das Hineri und das Ziehen der rechten Hand – all diese Bewegungen muß der Schütze in völliger Balance und Gleichzeitigkeit, ohne bewußte Beteiligung seines Willens realisieren, wobei die Initiative bei der linken Hand liegt. Der richtige Zeitpunkt für das Hanare kann nicht gelernt werden, der Schütze muß ihn durch eigene Übung und Erfahrung selbst von Fall zu Fall intuitiv erfassen lernen. Dementsprechend können die folgenden Hinweise nur Anhaltspunkte liefern, keinesfalls den Kern. Dieser muß im Schützen selbst heranreifen. Wenn das Strecken, Drücken und Ziehen von Brust, Schultern und Armen nach vorn und hinten seine volle Kapazität erreicht hat und die gesamte Energie zu etwa acht bis neun Zehnteln im Tanden konzentriert ist, dann scheint der Atem des Schützen eine geradezu mystische Kraft erreicht zu haben, und die Kraft seiner Muskeln scheint voll und ganz in den Bogen selbst hineinzufließen. Wenn der Bogen in diesem Stadium so weit gespannt ist, daß die Pfeilspitze bis fast zur Bogenkante zurückgezogen liegt (Yazuka), sich durch die Energie und Kraft des Schützen in einen quasi belebten Gegenstand verwandelt zu haben scheint und es für ihn und den Schützen kein Vorwärts und kein Zurück mehr gibt – dann ist der Moment des unwillkürlichen Lösens erreicht. Ein Schuß, in dieser geistigen und körperlichen Haltung gelöst, läßt eine äußerlich und innerlich nachklingende Resonanz zurück, ungebrochen wie ein seidener Faden.

Den Begriff Kai, der die vorangegangene Phase bezeichnet, haben wir mit «Begegnen» übersetzt. Darauf bezogen können wir Hanare mit «Verlassen» oder «Trennen» umschreiben: Der Pfeil verläßt die Sehne, die geistige und körperliche Spannung, die kurz vor dem Abschuß ihr Maximum erreicht hat, wird aufgelöst. Jedes Begegnen auf dieser Welt bringt notwendig ein Sich-Trennen mit sich. Beides bedingt einander, das eine kann nicht ohne das andere gedacht werden, beide Aspekte bilden eine Einheit. Dieser taoistische und buddhistische Gedanke findet auch im Bogenschießen einen bestechenden Ausdruck: Das Hanare ist also schon im Kai enthalten. Es muß als dessen natürliche, ihm innewohnende Folge gedacht und realisiert werden – wie ein schwerer Tautropfen auf einem Blatt schließlich natürlich und notwendig zu Boden fällt.

Im Moment des Abschusses atmet der Schütze aus und hat dabei das Gefühl, daß er dem Pfeil die so entlassene Energie auf seinem Weg ins Ziel mitgibt. Manche Schützen ziehen es vor, erst auszuatmen, wenn der Pfeil das Ziel bereits durchschlagen hat. Beide Methoden sind gleichwertig. Für die anderen Budō-Kampfsportarten gilt allgemein, daß Körper und Geist am Ende des Ausatmens die stärkste Kraft- und Energiekonzentration erreicht haben und am Ende der Einatmung am schwächsten und verwundbarsten sind. Das gilt insbesondere für jene Budō-Arten, bei denen Aktion und Bewegung im Vordergrund stehen, wie zum Beispiel beim Kendō oder beim Karate. Beim Kyūdō jedoch treten blitzschnelle Bewegungen und Aktionen, wie sie für diese Kampfsportarten charakteristisch sind, in den Hintergrund. Innere und äußere voll angespannte Ruhe wie Gelassenheit sind beim Bogenschießen der Kern. Durch die zweite Methode (erst nach dem Hanare auszuatmen) lassen sich für manchen Schützen die unbewußte Vollbewußtheit, die unbewegte Standfestigkeit des Körpers und die geistig-körperliche Gelassenheit einfacher bewahren. Jeder Schütze muß durch eigene Erfahrung herausfinden, welche der beiden Methoden sich für ihn am besten eignet. Bei voll gespanntem Bogen am Ende des Ausatmens unbeweglich fest zu bleiben und dann den Pfeil zu lösen, mag zwar schwieriger sein, erscheint aber erfahrungsgemäß doch als die letzten Endes fruchtbarste Methode. Während der Einatmung den Pfeil zu lösen, wäre in jedem Fall unnatürlich, würde allen technischen und geistigen Erfordernissen des Bogenschießens widersprechen und kann zu keinem Erfolg führen.

8. Zanshin – die zurückbleibende Form von Körper und Geist

Zanshin beschreibt die verbleibende Form der Körperhaltung und das verbleibende Stadium des Geistes, nachdem der Pfeil die Bogensehne verlassen hat. *Zan* meint «Rest», und *shin* kann sowohl

«Körper», «Haltung» und «Form» als auch «Herz», das heißt «Geist», bedeuten.

In dem Moment, in dem der Pfeil die Sehne verlassen hat, dreht sich der Bogen durch die Kraft der zurückschnellenden Sehne nach links um sich selbst, und die Sehne schlägt gegen die linke Außenseite des linken Arms – ein Phänomen, welches der Bogenschütze Yugaeri nennt, die «Rückkehr des Bogens». Ohne dieses Yugaeri bleibt jeder Schuß unvollkommen, denn wenn der Bogen nicht zurückkehrt, hat der Schütze während aller vorangegangenen Stufen bereits den Bogen an seinem Griff zu fest umklammert und vor allem nicht den Hohlraum zwischen Ring-, Mittel- und kleinem Finger und der Rückseite des Bogengriffs beibehalten.

Der Schütze verbleibt in der Haltung, die er nach dem Hanare automatisch erreicht hat. Er verändert an dieser Haltung also nicht das geringste, blickt dem Pfeil auf seinem Wege ins Ziel nach und nimmt den leise surrenden Ton der Bogensehne wahr, bis er allmählich im unendlichen Raum zu verklingen scheint. Erst dann entspannt er sich innerlich und äußerlich.

Obwohl ein gutes Hanare eine kraftvolle Entladung von Energie, ein plötzliches Lösen höchster Anspannung und Konzentration bedeutet, bleibt die untere Körpersektion des Schützen im Moment des Lösens und danach beim Zanshin völlig unbeweglich. Der durch richtiges Bauchatmen stabilisierte Mittelpunkt des Körpers wie des Geistes, das Tanden, fängt die durch das Lösen des Schusses hervorgerufene Erschütterung auf, die bei wenig geübten Anfängern oft den gesamten Körper durchrüttelt, die körperliche und geistige Balance und Ausgeglichenheit zerstört und kein harmonisches Zanshin zuläßt. Nach einem richtig gelösten Schuß verbleiben

Körper und Geist weiterhin im Stadium völliger Ruhe und Konzentration, so, als hätte der Schütze das Abschnellen des Pfeils überhaupt nicht bemerkt.

Ein wenigstens annähernd vollkommenes Hanare hinterläßt im Schützen ein angenehm erfrischendes Gefühl, sein Geist hat eine Klarheit gewonnen, die ihm, auch für den Betrachter sichtbar, natürliche Ernsthaftigkeit und Würde verleiht. Die Resonanz des Schusses klingt in ihm nach und äußert sich in ruhiger Gelassenheit. Hat sein Pfeil das Ziel getroffen, freut er sich nicht, sondern fühlt nur, daß er im Einklang mit den Kräften des Kosmos, unabhängig und frei von seinem egoistischen Ich gehandelt hat, daß er auf dem richtigen Wege ist. Sollte er das Ziel verfehlt haben, bekümmert ihn auch diese Tatsache als solche recht wenig. Er erkennt vielmehr seinen Ist-Stand einfach an und begreift die Mängel, die ihm sein Fehlschuß offenbart, als unmißverständliche Aufforderung, sie zu analysieren und in weiterer Übung von Körper und Geist zu überwinden.

Ein erfahrener Meister kann vom Zanshin her erkennen, ob der Schütze in etwa aus der richtigen geistigen und körperlichen Haltung heraus geschossen hat oder nicht. Dabei braucht der Meister nicht gesehen zu haben, ob der Pfeil ins Ziel eingeschlagen ist oder ob er es verfehlt hat. Daraus erhellt, daß das Hanare und Zanshin niemals wirklich gefälscht werden können, und es ist ein peinliches Bild, wenn der Schütze Mängel in körperlicher und geistiger Haltung durch ein «aufgesetztes» Zanshin, das nicht das Ergebnis seines Handelns während der vorangegangenen sieben Phasen des Schießvorgangs ist, zu kaschieren versucht. Dieses für jeden Kyūdōka oder «Bogenmenschen» peinliche Vertuschen erlebt

man besonders oft bei Schützen, die meinen, beim Bogenschießen
käme es einzig und allein auf die geistige Haltung an, die richtige
körperliche Haltung und Technik würden sich schon von selbst
einstellen, wenn man nur angespannt «geistig» übe. Ihr geistiges
Üben ist aber nur scheinbar geistig, denn sie lassen die Einheit von
Geist, Körper und Technik außer acht. Ihr «geistiges Üben» ist
nichts weiter als eine äußerlich-romantisch orientierte Illusion.

Hat der Pfeil das Ziel erreicht, und ist das leise Surren der
Bogensehne allmählich verklungen, erfolgt das Herunternehmen
des Bogens, das Yudaoshi.

Der Schütze nimmt die linke Hand, die den Bogen hält, und
gleichzeitig die rechte Hand herunter, und legt sie ruhig und
gemessen wieder an die linke beziehungsweise rechte Hüfte, so
daß die obere Bogenspitze wieder etwa zehn Zentimeter über dem
Boden steht. Nun erst wendet der Schütze seinen Blick vom Ziel
ab, indem er den Kopf nach vorn dreht und wieder auf einen etwa
zwei Meter entfernten imaginären Punkt auf dem Boden blickt.
Anschließend setzt er seine Füße wieder so nebeneinander, daß sie
sich in der Ausgangsstellung kurz vor dem Ashibumi befinden.
Der Kreis hat sich geschlossen, der Schütze ist in seine Ausgangs-
haltung zurückgekehrt. Nun wendet er den Körper um neunzig
Grad nach links, blickt auf das Ziel, dem er nun wieder direkt
gegenübersteht, verbeugt sich kurz vor ihm und tritt, mit drei
Schritten rückwärts gehend, bis zur Honza, der Vorbereitungslinie, zurück.

Mit dem Hanare, dem Lösen des Schusses, ist also der Schießvorgang noch keineswegs abgeschlossen. Hat man beim Hanare auszuatmen begonnen, führt man dieses Ausatmen während des Zanshin

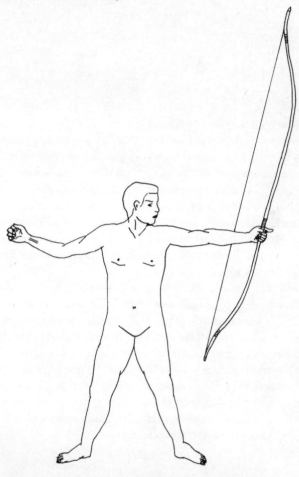

Zanshin

Der Pfeil hat die Sehne verlassen. Durch ihre Kraft beim Zurückschnellen ist die Bogensehne gegen die Außenseite des linken Armes geschlagen (Yugaeri). Der Schütze verharrt weiterhin in absolut aufrechter Stellung, bis der Ton der Bogensehne und die Resonanz des Schusses in ihm selbst allmählich verklungen sind.

ruhig weiter und verhält den Atem bis zum Yudaoshi. Erst wenn Bogenhand und rechte Hand wieder an die Hüften zurückgenommen sind und der Kopf wieder nach vorn gerichtet ist, beginnt man erneut einzuatmen und auszuatmen. Nach diesem Ausatmen erst stellt man die Füße wieder zusammen, wendet sich dem Ziel zu und tritt die drei Schritte rückwärts zur Honza zurück. Hat man beim Hanare nicht ausgeatmet, entläßt man den Atem erst, wenn der Blick das Monomi beendet hat und wieder zwei Meter vor dem Schützen auf dem Boden ruht, und tritt erst nach erneutem Einatmen zur Honza zurück.

Während der Schütze die acht Stufen ausführt, muß er sich innerlich stets dessen bewußt sein, daß jede Phase die folgende bereits in sich trägt und jede folgende Phase alle vorangegangenen weiterhin in sich trägt, daß die einzelnen Bewegungen, Handgriffe und Konzentrationsphasen einander bedingen und unabhängig voneinander unmöglich existieren könnten. Hat der Schütze diese erste Voraussetzung erfüllt, erscheint der Schießvorgang, so, wie er ihn realisiert, als ein kontinuierliches, ununterbrochenes Dahinströmen eines breiten Flusses, der unbeirrt, durch nichts von seiner Bahn abzulenken, seinem Ziel zustrebt.

Östliche Praktiken für westliche Menschen?

Dem Vorurteil, der westliche Mensch sei für östliche Methoden der Selbstfindung und Harmonisierung seines Selbst mit den Rhythmen des Universums ungeeignet, der östliche dagegen für diese Methoden prädestiniert, begegnet man in Ost und West auch heute noch nahezu auf Schritt und Tritt. Eins ist so falsch und unbegründet wie das andere.

Richtig ist, daß Ost und West verschieden sind und auf jeweils anderen kulturellen Grundlagen beruhen. Das bedeutet aber nur, daß sie ungleich, nicht, daß sie gegeneinander gerichtet sind oder sich gar gegenseitig ausschließen. Es kann niemals um so etwas wie eine Wahl oder Entscheidung zwischen West und Ost, niemals um ein Entweder-Oder, niemals auch um ein kämpferisches Streitverhalten gehen, bei dem die eine Seite ihre «Segnungen» der anderen aufzuzwingen versucht.

Ost und West – im Grunde ist es natürlich unzulässig, diese Begriffe summarisch zu verwenden, denn beide beinhalten unendliche Schattierungen und Unterschiede. Sie sind zudem nichts weiter als die Pole eines Ganzen, Pole, die zusammengehören wie Ja und Nein, Hell und Dunkel, Gut und Böse, wie das ruhende Yin und das aktive Yang. Sie bedingen einander und tragen die Einzelaspekte des sie ergänzenden Pols bereits in sich. Die Vorurteile rühren aus der beiderseitigen Unkenntnis dieses Zusammenhangs und der Tatsache her, daß der eine Pol nicht empfunden oder erfahren hat, daß er den anderen bereits in sich trägt, und aus diesem Mangel heraus das ihm eigentümliche Moment überbetont und allzuoft verabsolutiert. Die westliche Überheblichkeit gegenüber dem Osten hat hier eine ihrer Wurzeln wie auch die besonders in Japan anzutreffende Einstellung, etwas ganz Besonderes, für den

Westen allenfalls an der Oberfläche Durchdringbares zu repräsentieren. In Japan wird jeder Nicht-Japaner, der sich nicht als Tourist im Lande aufhält – als solcher ist er dem japanischen Selbstverständnis der «unergründlichen Besonderheit» nicht gefährlich –, fast täglich auf diese angebliche Unergründlichkeit des japanischen Wesens hingewiesen. Das geschieht besonders dann, wenn er die Landessprache beherrscht und sich, nach japanischer Auffassung, mit «urjapanischen» Dingen wie dem Tee-Weg, dem Blumen-Weg oder eben Kyūdō auseinandersetzt. Daß Japan deren geistige Grundlagen ja zumeist dem chinesischen Festland und koreanischer Vermittlung zu verdanken hat, verdrängen Japaner oft.

Dem entspricht die auch heute noch im Westen anzutreffende Auffassung der absoluten Überlegenheit westlichen Denkens über die angeblich so passive Geisteshaltung Asiens. Erfolge, die einige asiatische Länder auf das angeblich so hohe Niveau des Westens gehoben haben, werden oft noch der asiatischen Geschicklichkeit im Kopieren und Nachahmen zugeschrieben, was dem westlichen Überlegenheitsdenken keinen Abbruch tut, es vielmehr noch unterstreicht.[1]

Die Binsenweisheit, die Welt sei kleiner geworden, muß nicht unbedingt eine Platitüde sein, wenn man darunter versteht, daß im Zuge der Technisierung bis zu einem hohen Grade die Zivilisation in den technisierten Ländern in West und Ost die gleiche geworden ist. Europa ist heute nicht mehr «christlich», wie China und Japan nicht mehr «taoistisch» oder «buddhistisch» sind. «Eine innere Konsequenz der universalen wissenschaftlichen Technisierung des gesamten öffentlichen Lebens»[2] könnte sein, daß man sich, von oberflächlicher Betrachtungsweise ausgehend, tatsächlich die Frage stellt, ob zum Beispiel China und Japan heute wirklich noch dem «Osten» zugerechnet werden können. «Europa ist nicht mehr alteuropäisch, und der Osten ist nicht mehr altorientalisch»[3], und wir können die beiden Pole nicht mehr durch einige griffige Formeln auseinanderdividieren. Löwith, den wir oben zitierten, geht noch weiter: Er meint, Europa gehe erst jetzt im Osten auf, während es im Westen selbst fortschreitend bedeutungsloser würde. Er stellt jedoch ebenso fest, daß trotz des technologischen Einheitsbreis, der Internationalität technischen Könnens, die Kulturen sich nach wie vor unterscheiden, «auch wenn die gotischen Kathedralen Europas und die buddhistischen Tempel Japans nicht mehr das alltägliche Leben der Massen der Menschen bestimmen»[4].

Die Unterschiede zwischen östlichem und westlichem Denken bleiben bestehen – so gesehen ist die Welt also keineswegs kleiner geworden. Allerdings sind die Möglichkeiten, diese Unterscheide konkret in Augenschein zu nehmen, zu erfahren und sich mit ihnen auseinanderzusetzen, erheblich gewachsen. Damit wuchs für den Westen auch die Chance, das Östliche, das er in sich selbst trägt, mit weniger äußerlichem Aufwand zu erkennen, wie umgekehrt der Osten bestimmte Elemente seiner Kultur im Westen wiederentdekken kann. Beiden Polen ist heute mehr denn je die Möglichkeit gegenseitiger fruchtbarer Auseinandersetzung in die Hand gegeben und damit auch die nicht minder wichtige Chance, tieferen Einblick in sich selbst zu gewinnen. Nur wer das Andersartige kennt und erfahren hat, daß verschiedene Aspekte dieses Andersartigen in ihm selbst vorhanden sind, vermag wirklich zu den verborgenen Tiefen des eigenen Selbst vorzudringen.

Der Zen-Meister Mumon Yamada, der als einer der ersten Zen-

Priester Japans auch ausländische Schüler in sein Kloster aufnahm, erwiderte einmal auf die Frage, warum er sich denn so intensiv mit Ausländern abgebe, er sehe für das wirkliche Zen in Japan keine große Zukunft. Äußerliche Formalismen, zunehmende Exklusivität und anderes hätten es dort allmählich weiter von seinem Kern entfernt, als viele Japaner, auch Mönche, wahrhaben wollten. Daher versuche er, das Zen ins Ausland zu verpflanzen, damit es dort, weitgehend befreit von Einengungen durch die Tradition, neu erblühen und dann, von allem überflüssigen Ballast befreit, zurück nach Japan kommen könne. Ähnlich äußerte sich der in aller Welt bekannte und hochgeachtete Gelehrte und Protagonist östlichen Denkens im Westen, Daisetsu Teitaro Suzuki, der einen großen Teil seines Lebens in den USA lehrte.[5] Sicherlich überspitzt, im Kern jedoch zutreffend, läßt sich mit Suzuki behaupten, das typisch Japanische an den chinesisch-japanischen «Wegen» sei ihre in Japan mittlerweile auf die Spitze getriebene Formalisierung. Bei den Budō-Sportarten kommt noch ihre zunehmende Ausrichtung auf Effektivität hinzu, beim Kyūdō also das Beurteilen der Leistung entsprechend der Trefferzahl.

Sen Soshitsu, das 15. Oberhaupt der Urasenke-Tee-Schule, der bisher etliche Europäer und Amerikaner bis zu den verschiedenen Meistergraden des Tee-Wegs geführt hat, meinte auf die Frage, ob denn Nicht-Japaner etwas so subtil Japanisches wie den Tee-Weg überhaupt in seiner ganzen Tiefe zu erfassen vermöchten, dieser Weg sei für Nicht-Japaner nicht schwieriger zu meistern als für Japaner. Er beobachte vielmehr bei seinen japanischen Schülern wesentlich häufiger ein allzu schnelles Steckenbleiben im Formalen als bei seinen nicht-japanischen Adepten.[6]

Viele Bogenmeister betonen in ähnlicher Weise Ernsthaftigkeit und Ausdauer der meisten ihrer nicht-japanischen Schüler und beklagen das Überbetonen der Effektivität und des technischen Aspekts bei zahlreichen japanischen Schützen, denen oft bereits die älteren Schriften, die Geist und Technik gleichgewichtig behandeln, unverständlich geworden sind. Diese Entwicklung wird durch die zahllosen Wettkämpfe, bei denen nur die Trefferzahl bewertet wird, unterstützt.

Einige der höchsten und anerkannten Meister der verschiedenen «japanischen» Wege nehmen die oben dargelegte Haltung ein. Skeptizismus gegenüber nicht-japanischen Schülern der einzelnen Wege ist meist nur auf den unteren Ebenen anzutreffen, besonders oft bei Japanern, denen ihre eigene Kultur nur noch oberflächlich vom Hörensagen bekannt ist.

Wir sagten, Ost und West seien zwei sich ergänzende Pole eines Ganzen, von denen jeder Elemente des anderen in sich trage. Diese Elemente gilt es zu pflegen und zu reaktivieren. Was man über die angebliche Unvereinbarkeit beider Pole hört und liest, resultiert aus der Auffassung, Verschiedenheiten und Gegensätze seien *gegen*einander gerichtet – als ob Hell und Dunkel oder Weich und Hart widerstreitende Prinzipien wären. Wenn der Westen dem Gedanken der Einheit aller Gegensätze mehr Beachtung schenken, seine Auffassung vom Individuum als unabhängigem, der Natur *gegenüber*stehendem Ich kritisch überprüfen und das Leben nicht länger als Kampf gegen das Sterben sehen würde, wenn er vor allem der Erfahrung der Einheit von Mensch, All und Urgrund oder Gott in seinem Bewußtsein Raum geben würde, dann stünden die Chancen, viele unserer derzeitigen Krisen zu meistern, durchaus nicht schlecht.

Da der «alte» Osten die entsprechenden Vorstellungen stärker betont als wir, liegt es auf der Hand, sich eingehender mit seinem Gedankengut auseinanderzusetzen – die Anfänge sind längst getan. Unterschwellig war überdies die Sichtweise der Einheit aller Gegensätze im westlichen Denken von Beginn an lebendig. Heraklit, die Pythagoreer, Plotin und Meister Eckhart vor allem, aber auch Jakob Böhme, Angelus Silesius, Goethe, Hermann Hesse und Albert Einstein mögen als die markantesten Beispiele dafür dienen. Ihre Sichtweisen, soweit sie denen der asiatischen Weisen entsprechen, konnten zwar nie zur bestimmenden Kraft unserer Kulturentwicklung werden, traten aber in Krisenzeiten immer wieder verstärkt ans Tageslicht.

Aber auch dem traditionellen orientalischen Denken und Lebensgefühl wohnt zumindest eine große Gefahr inne: Durch seine Überbetonung des inneren Weges versagt der östliche Mensch allzu leicht, wenn das Leben ihn vor konkrete Entscheidungen stellt, die den gewohnten Rahmen in Frage stellen. Neue Forderungen des Lebens und Denkens finden wegen dieser Grundhaltung nur schwer Eingang. Während der Westen den Blick ins Innen vernachlässigt, schenkt der Osten dem Blick in die Welt zu wenig Beachtung.

In dem Bemühen, ihre heutigen Krisen zu überwinden, müssen der moderne Osten und Westen von den Wurzeln ihrer eigenen Kulturen ausgehen. Jedes bloße Übertragen wäre nur inhaltloses Nachahmen, denn die geistige Entwicklung beider Pole ist verschiedene Wege gegangen und hat Bedingungen erzeugt, die jede bloße Übernahme von Praktiken und Methoden fruchtlos bleiben ließen. Unser westlicher Weg muß bei unserer europäischen Wirklichkeit beginnen. Der westliche Mensch muß seine eigene Kultur durchdringen und neu verarbeiten und wird dabei in den östlichen Wegen fruchtbare Elemente entdecken, die ihm weiterhelfen können. Der Westen muß, im Sinne C. G. Jungs, sein eigenes «Yoga» entwikkeln. Für das Bogenschießen heißt das, der Kyūdō-Schütze muß erst einmal die Leistungsorientiertheit, die in seinem Falle im Erreichen einer möglichst hohen Trefferzahl liegt, als eine der Grundlagen seiner eigenen kulturellen Heimat anerkennen, sie dann aber durch seine Kyūdō-Praxis in eine Leistung transformieren, die ohne bewußte Anstrengung seines Willens unmittelbar seinem Innen entströmt. Er muß lernen zu schießen, nicht zu treffen, dann wird er von selbst treffen, und zwar sicherer als vorher. Da viele der östlichen Vorstellungen und Methoden ihrer Verwirklichung auch in unserer Kultur enthalten sind, können wir diese Elemente mit Hilfe östlicher Vorstellungen und Praktiken in uns fruchtbringend wiederbeleben.

Eine dieser Methoden ist die Meditation, ob mit oder ohne Bogen, in welcher Form auch immer, die uns ja als Kontemplation nie fremd war. Geschieht dieses Meditieren zweckfrei, das heißt ohne willentlich festgelegtes Ziel um seiner selbst willen, wird unser Glaube an die Existenz eines individuellen Ich, das sich dem All gegenübergestellt sieht, durch die Einkehr in unser Selbst allmählich von uns abfallen – so sanft und ohne Widerstreit, wie sich im Herbst ein Blatt vom Zweig löst. Wir werden frei von unserer Ich-Fessel und ihren Wünschen und Begierden, Gegensätzliches findet zur Einheit im Ganzen zurück. Der Meditierende selbst empfindet tiefe innere Ruhe, die ihn unanfällig macht für die Äußerlichkeiten des Alltags und ihnen doch nicht widerstrebt. Seine Rückkehr zum

Ursprung hat ihm nicht nur Kraft für seine täglichen Aufgaben verliehen. Er hat darüber hinaus, indem er die äußerliche Welt in sich selbst überwand, eine beglückende Freiheit erlangt, die durch ihr bloßes Beispiel auch nach außen wirkt und so auch helfen kann, anderen Menschen die Augen zu öffnen. Der Meditierende, ob mit oder ohne Bogen, wirkt so auf eine Veränderung aller hin, eine Veränderung, deren Hauptinhalt in der Überwindung des Gefühls liegt, *in* die Welt geworfen zu sein. Es ist die Überwindung der bisher als *gegen*sätzlich empfundenen Dualität von Mensch und Natur, von Mensch und Mitmensch.[7] Er und andere gewinnen das Wissen und die Erfahrung zurück, *aus* der Welt zu kommen, eines ihrer notwendigen Entwicklungsglieder zu sein.

Wer sich im Weg des Bogenschießens übt, übt sich zwar in einer Sportart, die das jeder Sportart innewohnende spielerische Element keineswegs verleugnet, aber ebenso übt er sich dabei auf dem Weg zu sich selbst, dem Weg zum Urgrund. Sicherlich auch aus diesem Grunde gewinnt das Kyūdō im Westen allmählich an Popularität. Außerdem kommt das Japanische Bogenschießen, wie andere Budō-Sportarten auch, westlichen Voraussetzungen entgegen. Kyūdō ist nicht bloße Meditation in ruhender Sitzhaltung, andererseits aber auch nicht so stark bewegungsorientiert wie etwa Kendō oder Kung-fu. Bei diesen bewegungsorientierten östlichen Sportarten besteht für den westlichen Menschen die Gefahr, daß er vom Erlernen der blitzschnellen und effektiven Bewegungen so sehr in Anspruch genommen wird, daß er darüber das Ziel der Übung, nämlich, durch Ruhe in der Bewegung die meditative Grundhaltung zu bewahren und auf diesem Wege zu sich selbst zu finden, allzu leicht aus dem Blick verliert. Das beste Beispiel dafür ist das inzwischen weltweit zu bloßem Kraftgerangel herabgesunkene Judō.

Demjenigen wiederum, dem die rein meditative Übung des Stillsitzens allzu fremdartig und «passiv» erscheint, kommt der Weg des Bogens entgegen, denn Kyūdō vereint das aktive und das stille Moment in harmonischer Weise. Es ist ein Weg der «Bewegung in der Ruhe», in diesem Sinne ähnlich dem chinesischen T'ai Chi oder «Schattenboxen», welches alle Bewegungen aus Meditationsgründen bis zum Zeitlupentempo verlangsamt hat.

Wer mit dem Bogen umgeht, hat keinen Gegner vor sich, den er überwinden soll – außer sich selbst. Die rein technischen Erfordernisse sind in ihren Anfangsgründen relativ schnell zu erlernen, so daß den Bogenschützen von Anfang an nichts hindert, neben der Technik auch den meditativen Kern seiner Übung im Auge zu behalten. Da Aktivität im allgemeinen westlichem Verhalten mehr entspricht als das reine Stillsein der Meditation im Sitzen, immer mehr Menschen aber gerade die durchweg aktive, nach außen gerichtete Aktion der westlichen Sportarten ablehnen, bereitet der Weg des Bogens unter Umständen die geringsten Schwierigkeiten, da er sowohl aktives Handeln als auch meditative Ruhe zur Grundlage hat. Hält man sich bei der Übung immer vor Augen, daß der Weg zu sich selbst nur über harte Arbeit an sich selbst und am Bogen möglich ist, wird die Gefahr des peinlichen Pseudo-Philosophierens über den Bogenweg von Beginn an in Grenzen gehalten. An sich ist diese Gefahr beim Kyūdō eher gegeben als beispielsweise beim Kung-fu, Kendō oder Karate, da uns beim Bogenschießen ja kein Gegner durch seine handfesten Angriffe aus falschen Träumereien herausreißt.

Wer als westlicher Mensch den Kyūdō-Bogen zur Hand nimmt, sollte ihn von Beginn an als das betrachten, was er ist: ein einfaches Stück Bambus und Holz, dessen technische Anforderungen der Schütze zu meistern hat, um damit etwas im eigenen Innen auszurichten. Daß dieses Instrument nun gerade aus dem «fernen» Osten kommt und dort schon seit Jahrhunderten unter anderem auch zu diesem Zweck in Gebrauch ist, muß der Schütze anerkennen; es sollte ihn aber im übrigen ganz unberührt lassen. Kurz, jede Anwandlung von Exotik, die dieses überlange, elegant gebogene Stück Holz eventuell in ihm wecken könnte, muß der Schütze kühl und reserviert von sich abfließen lassen. Es mag ihm helfen, sich dabei vorzustellen, daß er im Grunde auch jedes andere, ihm und seinem Kulturkreis vertrautere Ding, jede andere Tätigkeit zu seinem Ziel benutzen könnte. Nur müßte er dann das meditative Moment, das zweifellos auch mancher westlichen Sportart ursprünglich innewohnte, erst mühsam aus den zähen Schalen ihrer Orientiertheit auf äußerlich meßbare Leistung herausschälen. Folgt er diesem Bemühen dennoch, wird er vom Fußball bis zum Florettfechten zweifellos schon bald mit den allgemein anerkannten Zielsetzungen der jeweiligen Sportart in Konflikt kommen.

Da der Bogenschütze, abgesehen von seinem kleinen Ego und Ehrgeiz, keinen direkten Gegner hat, ist es im Grunde für ihn leichter, sich vor dem Ehrgeiz zu hüten, das Ziel möglichst oft treffen zu *wollen*, der dazu verleitet, sich einseitig auf die Technik zu konzentrieren. Andererseits wird das Nichtvorhandensein eines Gegners gerade dann problematisch, wenn der Schütze trotzdem dem Treffen-*Wollen* verfällt, wofür er in den Anfangsstadien besonders anfällig ist. Er wird sich dann mit aller Gewalt auf das Ziel konzentrieren und es dennoch verfehlen. Sein Schießen wird zum peinlichen Krampf, den kein Schlag oder plötzlicher Angriff eines Gegners überwinden hilft. In vielen Fällen wird er sich der Fragwürdigkeit seines Umgangs mit dem Bogen nicht einmal bewußt, wenn ihn nicht Hinweise des Meisters oder eines anderen erfahreneren Schützen auf sein sinnloses Tun aufmerksam machen.

Wer als westlicher Kyūdō-Schütze ohne Meister und unter Umständen isoliert von anderen Schützen, womöglich auf einem einsamen Schießstand im eigenen Garten, den Weg des Bogens beschreiten will, braucht ein hohes Maß an Selbstkritik und Selbstkontrolle. Nach jedem Schuß sollte er sich kühl und ruhig, vollkommen ohne Emotionen selbst fragen, warum er das Ziel verfehlt hat. Er wird dann meistens feststellen, daß ihn irgendein Ausdruck, irgendeine Form von falschem Ehrgeiz am rechten Schießen von innen heraus gehindert hat. Hat der Schütze die Scheibe getroffen, ist ebensolche Vorsicht vonnöten, da eine geglückte Trefferserie allzuleicht zu der Illusion verführt, man habe eine Reihe «vollkommener» Treffer erzielt, sei also voll und ganz auf dem richtigen Weg. Wichtig ist jedoch, ob der Treffer von «innen» heraus erzielt wurde oder Zufallsprodukt gewollter Anstrengung ist. Wenn kein Meister erreichbar ist, sollte der westliche Kyūdō-Schütze so oft wie irgend möglich wenigstens mit anderen Schützen gemeinsam üben, deren Kritik ihn vor der gefährlichen Absichtlichkeit seines Schießens bewahren kann. Außerdem können ihm die Hinweise und Korrekturen konkrete Anhaltspunkte für die Zielrichtung seiner Selbstkritik geben.

Zu einem gewissen Grad verbunden mit der Gefahr des Abgleitens in exotisierende Einstellungen ist die einseitige, oft romantisierende Scheinkonzentration auf die in Taoismus und Zen-Buddhismus wurzelnden philosophischen Aspekte des Bogenschießens. Wir haben ja bereits mehrfach auf die untrennbare Einheit von Körper, Technik und Geist oder Handeln und Denken hingewiesen. Wer also den einen Aspekt übt, ohne den anderen gleichwertig zu berücksichtigen, vollführt eine Art Zirkussalto, der ihn nur in fatale Selbsttäuschung führen kann: mit wirklichem Kyūdō hat das absolut nichts gemein. Beim wirklichen Kyūdō erscheint zwar das geistige Moment, dessen letztes Ziel in Selbsterkenntnis und Selbstverwirklichung liegt, bis zu einem bestimmten Grad dem technischen Aspekt übergeordnet, ist es in Wirklichkeit jedoch nicht. Sogenanntes «geistiges» Üben bleibt nichts als Schein, wenn der Schütze es nicht mit zufriedenstellender technischer Fertigkeit realisieren und unter Beweis stellen kann.

Der «westliche» Bogenschütze muß sich also von Beginn an von der intentionalen Effektivitätshaltung seiner eigenen Kultur distanzieren, ohne dabei seine eigenen Wurzeln in eben dieser Kultur zu verneinen. Zugleich darf er nicht der Illusion aufsitzen, mit dem exotisch anmutenden Bogen in der Hand sei nun alles technische Bemühen nur mehr am Rande vonnöten – es gelte ja, in den «Geist» des Bogens «einzutauchen». Stolpert er nicht über diese gefährlichen Klippen, wird der Schütze, harte Übung vorausgesetzt, sowohl in seiner Treffsicherheit als auch im Bemühen auf dem Weg zu sich selbst bald beachtliche Fortschritte machen. Sie sollten ihn zwar unberührt lassen, zeigen ihm aber doch, daß er auf dem richtigen Weg voranschreitet, und bestärken ihn in seinem Tun, das ungewolltes Tun sein und bleiben muß. Kyūdō ist nicht Meditation, die Erlösung bedeutet, sondern, wie jede Art von Meditation, nur ein Hilfsmittel auf dem Weg dorthin. Überbetonung des meditativen Moments führt in den meisten Fällen zur Verwässerung des harten Ringens mit sich selbst und dem Mittel Bogen, während das Außer-acht-Lassen der meditativen Seite meist nur Sportschützen mit ansehnlichen Trefferquoten hervorbringt.

Man sollte nun meinen, derlei Probleme existierten für einen japanischen Bogenschützen nicht oder nur in Ausnahmefällen. Schon ein flüchtiger Blick in die neuere Kyūdō-Literatur zeigt das Gegenteil, und ein Besuch bei einem x-beliebigen Kyūdō-Klub wird diesen ersten Eindruck in vielen Fällen bestätigen: Kyūdō in Japan ist auf dem besten Weg, zu einer Sportart westlicher Prägung zu werden. Wie die neuere Literatur befaßt sich das heutige Training bereits weitgehend vorrangig mit der Technik des Schießens; oft sind die geistigen Aspekte ins Vor- oder Nachwort abgeschoben und werden im praktischen Training zwar erwähnt, aber immer seltener wirklich geübt. Dieser Wandel im japanischen Kyūdō, der von vielen, meist älteren japanischen Meistern durchaus erkannt und beklagt wird, hängt zum erheblichen Teil mit der immer intensiveren Orientierung Japans an westlichen Werten zusammen. Wie in der weltweit erfolgreichen Ökonomie Japans zählen äußerlich meßbare Werte und Effektivität allmählich mehr als das nur schwer von außen faßbare Eindringen in die Werte alter sino-japanischer Traditionen und Wege. Diese werden inzwischen von weiten Teilen der japanischen Jugend als konträr zu ihrer oft oberflächlichen persönlich-individualistischen Wertorientierung abgelehnt. Während der Westen dem Innen und den möglichen Wegen dorthin allmählich mehr Beachtung zu schenken scheint, beginnt man sich in Japan von diesen Wegen langsam zu entfernen.

Doch, ob beim Kyūdō, dem Tee-Weg oder Kendō, es gibt in
Japan noch genügend Meister, die nicht nur das Äußerliche,
Formale, sondern auch die geistige Seite der verschiedenen Wege in
gleichwertiger Weise üben und vermitteln. Es ist für jeden nicht-
japanischen Bogenschützen daher noch immer von höchstem Wert,
wenigstens für etwa sechs Monate, sein Training in Japan bei einem
japanischen Meister zu vertiefen. Die Forderung D. T. Suzukis,
Japan müsse seine alten Künste erst in den außerjapanischen Bereich
exportieren, um sie später von allem Oberflächlichen gereinigt
zurückzuempfangen, scheint mir im Falle des Kyūdō zumindest im
Moment noch verfrüht. In der japanischen Wirklichkeit kann sich
der westliche Bogenschütze sowohl von exotisierenden Einstellungen als auch von illusionsorientiertem, ausschließlich »geistigem«
Üben befreien. Er wird bei jedem auch nur durchschnittlichen
japanischen Meister schnell erfahren und lernen müssen, daß der
Bogen an sich ein bloßes Instrument ist, welches, soll es nicht zu
träumerischer, exotischer Spielerei dienen, harte technische und
geistige Arbeit verlangt, bevor der Schütze zum sogenannten Geist
oder Herzen des Bogens, Yumi-no Kokoro, vordringen kann.
Dann allerdings bietet ihm das Japanische Bogenschießen das, was
wir im Westen so sehr nötig haben: ein effektives Hilfsmittel auf
dem Weg zu harmonischer Vereinigung von Geistigem und Mate-
riellem, ein Hilfsmittel auf dem Weg zum ungeteilten Ganzen in uns
selbst.

Vierter Teil

Das Material des Kyūdō-Bogenschützen

Der heutige Kyūdō-Bogen

Der japanische Bogen (jap. Yumi, in sino-japanischer Leseart Kyū, im Altertum auch Tarashi genannt) ist der längste bekannte Bogen der Welt. Er ist länger als der sehr effektive englische Langbogen des 14. und 15. Jahrhunderts, der etwa 1,90 Meter maß. Den unterschiedlichen Körpergrößen der Schützen entsprechend, finden heute Bogen in drei Längen Verwendung: der kürzeste mißt 2,22 Meter, der längste 2,27 Meter. Ein vierter mit 2,12 Meter Länge ist für Kinder gedacht.

Die passende Länge ergibt sich daraus, daß die Auszugslänge eines Bogens der halben Körperlänge des Schützen entsprechen soll. Die normale durchschnittliche Zugkraft beträgt heute je nach Körperkraft des Schützen zwischen 16 und 20 Kilogramm; man findet jedoch nicht selten Schützen, die einen Bogen mit 25 Kilogramm Zugkraft benutzen.

Als größte bisher erreichte Schußweite werden 450 Meter angegeben.

Entgegen anderslautenden Darstellungen gilt heute als gesichert, daß der ursprüngliche, auf dem japanischen Archipel benutzte Bogen (wie der im mittel- und nordeuropäischen Raum benutzte Bogen) *kein* Kompositbogen war, sondern aus einem einzigen Stück Holz gefertigt wurde – und zwar seit der *Jōmon*- und *Yayoi*-Zeit bis ins 10. und 11. Jahrhundert. Alle gegenteiligen Angaben lassen die neueren Forschungsergebnisse der japanischen Archäologie außer acht. Erst im 11. Jahrhundert, während der Heian-Zeit (794–1192 n. Chr.), übernahm Japan im Zuge des intensiven Imports chinesischer Kulturgüter auch die Methode der Anfertigung von Kompositbogen.

Heute werden diese Bogen im allgemeinen aus dem starken Holz des Haze, einer Wachsbaumart (Talgsumach, *Rhus succedanen*), und Bambus (jap. Take) hergestellt und sind durchgängig aus ingesamt sieben bis acht Einzelspleißen zusammengesetzt. Es werden heute auch Bogen aus Glasfibermaterialien gefertigt, die bei Anfängern von Zeit zu Zeit Verwendung finden. Sie sind natürlich preiswerter und vor allem unempfindlicher gegenüber fehlerhafter Behandlung. Außerdem behalten sie ihre Schießeigenschaften auch bei negativen Witterungseinflüssen nahezu unverändert bei, während die Holzbogen bei hoher Luftfeuchtigkeit leiden.

Dennoch besitzt jeder erfahrene Schütze mindestens zwei aus Holz und Bambus zusammengesetzte Bogen – nicht unbedingt, weil sie besser wären, sondern weil Japanern eine ganz besondere Vorliebe für die einfache Eleganz von natürlichen Materialien eigen ist.

Auch bei allen anderen traditionellen Künsten vom Tee-Weg bis zur Shakuhachi-Musik (Bambusflötenart) wird größter Wert auf ursprüngliche Einfachheit aller Geräte und Utensilien gelegt. Deren künstlerische Bearbeitung verleiht ihnen schlichte, natürliche Eleganz, indem das Natürliche im Geist von Schlichtheit und «Stille» verfeinert wird. So bleibt der Gegenstand in seiner Einfachheit echt, ohne seine ursprüngliche Rauheit beizubehalten. Trotz seiner unbestritten eleganten Form ist der japanische Bogen letzten Endes nichts weiter als ein der Natur entnommenes einfaches Stück Holz und Bambus. Als solches jedoch lebt er und strahlt in stiller Verhaltenheit etwas von der klaren, unverfälschten Echtheit der Natur aus. Es geht beim Kyūdō um die Echtheit des Ursprünglichen – sowohl beim Material als auch beim Menschen. Ziel ist in beiden Fällen die durch nichts nicht unbedingt Notwendiges verfälschte Urgestalt. Alles ausgeklügelte technische Zubehör, das den Archery-Bogen des westlichen Bogenschießens fast zu einer perfekten Maschine hat werden lassen, wäre beim Kyūdō-Bogen völlig fehl am Platze. Es würde ihn seiner schlichten, eleganten Natürlichkeit berauben und so den Schützen auf dem Weg zu seiner eigenen Natur behindern und ablenken, da dann dem technischen Hilfsmittel zu große, den Blick aufs Wesentliche einengende Bedeutung zukäme. Noch ein Wort zum Bambus, dessen Symbolik im japanischen Denken tief verankert ist.

Als Material für den Bogen eignet sich Bambus besonders wegen seiner extremen Elastizität. Die Härte des Haze, verbunden mit dieser Biegsamkeit des Bambus, ergibt eine geradezu ideale Kombination, auch im Sinne der Yin-Yang-Prinzipien. Der Bambus gilt als Symbol geschmeidiger Anpassung und gerader, ehrlicher Aufrichtigkeit. Er biegt sich geduldig und bescheiden auch unter extremer Schneelast, wenn die Äste anderer Bäume aufgrund ihrer starren Stärke längst brechen. In einem bestimmten, unvorhersehbaren Augenblick jedoch läßt er die Last von sich gleiten und schnellt kraftvoll wieder in seine ursprüngliche Lage zurück. Er lehnt sich nicht auf gegen seine Last, verliert nicht die Geduld und bleibt dennoch fest und ungebrochen. Ebenso schlicht läßt sich der Bambus in seiner ganzen Länge entlang einer einfachen, geraden Linie spalten. Diese runde, bestimmte, mit einfacher Schlichtheit verbundene Harmonie, die auf innerer Festigkeit beruht, ist genau die Eigenschaft, die dem Bogenschützen bei der Realisierung des Schießvorganges und auf dem Wege zu seinem eigenen Innen am förderlichsten oder ein Ergebnis dieser Bemühungen ist.

Neben seiner Länge ist das hervorstechendste Merkmal des Kyūdō-Bogens seine rätselhafte asymmetrische Form, über die bisher vielerlei Mutmaßungen angestellt wurden. Aus Abbildungen

auf Bronzeglocken der *Yayoi*-Zeit (ca. 250 v. Chr.–300 n. Chr.) und
dem Zeugnis eines chinesischen Geschichtswerks (*Gi-shin-toi-dan*,
3. Jh.) geht hervor, daß der japanische Bogen mindestens seit dieser
Zeit asymmetrisch war. Der obere Teil bis zum Griff des Bogens ist
etwa eineinhalbmal so lang wie der untere. Diese Eigenart läßt sich
mit der Jagdtechnik der Yayoi-Menschen erklären, auf die wir
bereits eingingen. Daß sich dieses weltweit einmalige Phänomen bis
heute erhalten hat, wird oft mit der leichteren Handhabung beim
Schießen zu Pferde erklärt, was sicherlich zu einem guten Teil
zutrifft. Man kann jedoch fragen, warum dann für das Schießen zu
Pferde nicht kürzere, symmetrische Bögen entwickelt wurden.
Neben der Erklärung, daß einmal Vorhandenes und Bewährtes in
Japan nur in sehr seltenen Fällen radikal verändert wird, scheint mir
noch eine andere Erklärung bedenkenswert: es ist die japanische
Vorliebe für das Asymmetrische an sich, wie es sich in Taoismus
und Zen äußert.[1]

Asymmetrie ist ein grundlegendes Element des Denkens und der
Kunst, soweit sie von Taoismus und Zen beeinflußt sind. Da der
Zen-Buddhismus das Ergebnis der Verschmelzung von Mahāyāna-
Buddhismus und Taoismus ist und der Mahāyāna-Buddhismus der
Symmetrie den Vorzug gab, müssen wir die Wurzeln dieser Asym-
metrie im Taoismus suchen. Konfuzianismus und traditioneller
Mahāyāna-Buddhismus in China ebenso wie die Kunstwerke der
Nara-Zeit in Japan (710–794 n. Chr.) sind vom Streben nach
Regelmäßigkeit und Symmetrie gekennzeichnet. Taoismus, Zen
und die mit ihnen verbundenen Künste dagegen vermeiden Sym-
metrie aus der Erkenntnis heraus, daß Symmetrie zwar etwas
harmonisch Abgerundetes ausdrücken kann, diese Harmonie aber

letztlich doch auf Illusion und Selbsttäuschung beruht. Der Ausgleich von Andersartigkeiten, die Überwindung von Widerständen, die die Symmetrie erreichen will, ist eine zu einfache Lösung, wenn nicht gar eine recht billige: In menschlichen Beziehungen wie im Zusammenwirken der Elemente der gesamten Natur sind symmetrische Formen nur in Ausnahmefällen anzutreffen. Widerstände und Andersartigkeiten werden deshalb nicht künstlich ausgeglichen, sondern bleiben bestehen. Asymmetrie erkennt das unveränderte Fortbestehen von Gegensätzlichem ganz einfach an, erkennt aber darüber hinaus, daß diese Gegensätzlichkeiten aufeinander bezogen sind, daß sie einander brauchen, da das eine nicht ohne das andere bestehen könnte.

Ohne Asymmetrie wären Leben und Entwicklung nicht denkbar. Verschiedenheiten sind lediglich Pole eines Ganzen, Pole, die keiner scheinbaren Auflösung in «schön» anzuschender Symmetrie bedürfen. Das Leben, das dem Zusammenspiel der Andersartigkeiten entquillt, würde sonst in symmetrischer «Gleichmacherei» ersticken. Symmetrie ist Wiederholung, Wiederholung ist der ausgemachte Gegensatz echten Lebens, echter Lebendigkeit und jeder positiven Spontaneität. Symmetrie ignoriert nicht nur die schöpferisches Staunen erregende Unlösbarkeit des Daseinsrätsels, indem sie Scheinlösungen anbietet. Sie verkennt darüber hinaus, «daß das besondere Gegenüber, auf das es dem Menschen eigentlich ankommen muß, das Freiheit affizierende und zur Entscheidung rufende Gegenüber eines ausdrücklich Anderen, etwa das Gegenüber von Ich und Du, von Menschlichem und Göttlichem oder von Immanenz und Transzendenz, gar niemals symmetrisch sein kann»[2]. Doch zurück zum Bogen selbst. Das Holz, aus dem er besteht, war im Urzustand ebensowenig symmetrisch wie eine Wolke oder Welle. Dieses Holz lebte und wuchs, indem es den Gesetzen der Natur folgte, nicht den synthetischen Vorstellungen davon. Diesen Vorgang lebendigen Wachsens und Sich-Änderns, auf dessen Erfassen es Taoismus und Zen ankommt, veranschaulicht der Kyūdō-Bogen in seiner für westliche Augen eigenartig wirkenden Form. Er will als Gerät in die Hand genommen werden; dann hält er dem Schützen bei jedem Üben vor Augen, daß seine Handhabung nicht in der langweiligen Eintönigkeit gekonnter technischer Handgriffe erstarren darf, sondern daß der Sinn seiner Handhabung in dynamischer Entwicklung liegt. Der Schütze muß die Technik beherrschen, das ist Voraussetzung für den Weg und kann nur durch unablässige Übung erreicht werden, so, wie der Bogen selbst nur durch unermüdliche Arbeit zustande gekommen ist. Wohlgemerkt, der Bogen ist in seiner asymmetrischen Form nicht entstanden, weil Taoismus und Zen ihn so hätten werden lassen, denn die Yayoi-Menschen kannten weder Taoismus noch Zen. Daß sich seine dynamische Form, die so sehr dem Wesen des Umgangs mit ihm, dem Weg des Bogens, entspricht, über einen Zeitraum von etwa 2000 Jahren erhalten hat, diese Tatsache ist jedoch zweifellos auf den Einfluß von Taoismus und Zen zurückzuführen.

Auch die im Grunde höchst unpraktische Länge des Bogens läßt sich als Aufforderung zum richtigen Umgang damit verstehen. Diese Überdimensionalität zwingt den Schützen nämlich, seinen Bogen jederzeit mit äußerster Umsicht und Vorsicht zu behandeln. Schon das Herausnehmen aus dem Ständer, das Tragen und jeder Handgriff erfordern wache Bedachtsamkeit, da der Bogen überall anstoßen, andere Schützen behindern und damit die Atmosphäre in der Übungshalle (Dōjō) mit Unruhe erfüllen kann. Diese hellwache Bedachtsamkeit führt den Schützen von Beginn an dazu, seine Sinne für diese Äußerlichkeiten zu schärfen, damit er von ihnen nicht mehr abgelenkt werden kann.

Den Griff des Bogens umwickelte man früher mit einem Brokatstreifen, unter dem sich ein dünner Papierstreifen mit einer Anrufung oder Lobpreisung des Gottes Aizen-myoo befand. Der Brokatstreifen war rot, denn Rot ist die Farbe des Aizen-myoo. Das Ganze umwickelte man dann wiederum mit einem Lederstreifen, wobei Violett ausschließlich dem Shōgun vorbehalten war, während die Landesfürsten meist Schwarz wählten. Heute ist der Schütze in diesem Punkt an keine Regeln gebunden, und man benutzt allgemein violette, blaue, bräunliche, schwarze und auch dunkelgrüne Streifen. Wer sich beim Bogenbauer einen Bogen anfertigen läßt, kann auf Wunsch auch heute noch unter dem Griffleder eine Anrufung des Gottes anbringen lassen, die man vorher meist in einem Tempel weihen läßt.

Obwohl die typische Grundform allen Kyūdō-Bogen eigen ist, sind doch leicht unterschiedliche Formen, bedingt durch die verschiedenen Schulen und Lehrrichtungen sowie landschaftliche Traditionen, in Gebrauch. Die Unterschiede betreffen meist die Kurven des Bogens. In sich sind sie alle harmonisch – wenn es sich um einen guten Bogen handelt –, unterscheiden sich aber, wenn auch nur geringfügig, hinsichtlich ihres Schußcharakters. Daß diese Formen tatsächlich auf alte Traditionen zurückgehen, zeigt sich darin, daß sie bereits in einem 1675 erschienenen Werk über den Bogen, dem *Yo-sha-roku*, genannt werden.[3] Morikawa Kosan, der Bogenmeister, der den Begriff «Kyūdō» prägte und die alte Yama-

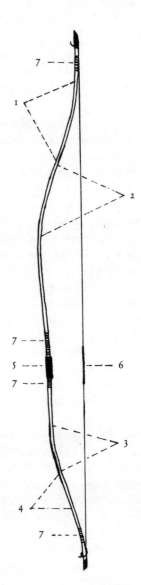

Der Kyūdō-Bogen

Die für die Qualität des Bogens
mitentscheidenden vier Kurven:

1 Hime-zori (Prinzessinnenkurve)
2 Tori-uchi (Vogelschläger)
3 Shimo-no-nari (untere Kurve) oder
   Koshi-zori (Beckenkurve)
4 Ko-zori (kleine Kurve)

5 Nigiri (der Griff)
6 Naka-shikake (Sehnenverstärkung
   für die Pfeilnocke)
7 Wicklungen

to-Lehrrichtung gegründet hat, soll der Überlieferung nach eine Schrift dieses Titels Hirose Yoichi übergeben haben, der sie dann unter seinem Namen veröffentlichte.

Welche Form der Bogen auch haben mag, man geht grundsätzlich davon aus, daß er den Anforderungen entspricht, wenn seine vier Hauptkurven in harmonischer, dynamischer Balance zueinander stehen. Diese Hauptkurven sind:

1. Hime-zori (Prinzessinnenkurve)
2. Tori-uchi (Vogelschlägerkurve)
3. Koshi-zori (Beckenkurve) oder Shimo-no-nari (untere Kurve)
4. Ko-zori (kleine Kurve)

Nach dem Grad ihrer dynamischen Balance zueinander richtet sich in wesentlichem Maße auch der Preis des Bogens.

Jeder Bogenschütze sollte mindestens zwei, besser drei Bögen besitzen, besonders, wenn er, was eigentlich nötig ist, täglich übt. Bei ständigem Gebrauch verändert sich nämlich der Schußcharakter nach Ablauf etwa eines Jahres, und der Bogen braucht etwa ein Jahr, besser eineinhalb Jahre, Ruhepause. Der Schütze benutzt dann seinen zweiten Bogen ebenfalls etwa ein Jahr und kann danach wieder den ersten zur Hand nehmen. Ein durchschnittlich guter Bogen kostet heute in Japan etwa 35 000 Yen, das sind etwa 400 Mark.

Die Bogensehne

Heute wie früher werden die Bogensehnen (Tsuru) aus langen Hanffäden vorwiegend noch mit der Hand gedreht und mit einer Mischung aus Harz und Zedernöl eingerieben, um ihre Haltbarkeit und Widerstandsfähigkeit, vor allem gegenüber Nässe, zu erhöhen. Obwohl es bereits maschinell gedrehte Sehnen gibt, zieht man immer noch die handgedrehten vor. Auch Sehnen aus Kunststoffmaterial sind hier und da in Gebrauch; ich selbst habe jedoch während meiner langjährigen Praxis bisher nur zwei- oder dreimal derartige Sehnen zu Gesicht bekommen. Gesponnene Sehnen, naturgemäß haltbarer als die gedrehten, gibt es auch. Sie waren jedoch schon in alten Zeiten unbeliebt, da sie von Frauen hergestellt wurden. Waffen durften aber möglichst nicht mit Frauen in Berührung kommen, da sie dann als unbrauchbar und unrein galten. Da der Weg des Bogens heute von Frauen und Männern gleichermaßen beschritten wird, ist die Grundlage dieser Abneigung nicht mehr gegeben, und die Sehnen werden dementsprechend von weiblichen wie von männlichen Handwerkern produziert – aber eben doch nur gedrehte.

Daß die japanischen Kyūdō-Schützen nun schon jahrhundertelang die leicht zerreißenden gedrehten Hanfsehnen bevorzugen, hat noch einen anderen Grund. Taoismus und Zen legen keinerlei Gewicht auf Dauerhaftigkeit oder Beständigkeit. Vielmehr bejahen sie Gebrechlichkeit, Veränderung, Wandel und Tod, die als Verkörperungen der natürlichen Rhythmen des Alls gelten. Schön und angemessen ist, was diesen allgegenwärtigen Rhythmus am sinnfälligsten offenbart. Das Wesen der Bogensehne liegt nun einmal darin, den Pfeil vom Bogen zu schnellen und nach einer gewissen Zeit zu reißen; bei täglichem Gebrauch hält sie meist höchstens zwei

Monate. Diese natürliche Gegebenheit nun etwa durch Verwendung künstlich-synthetischen Materials zu umgehen, wäre, mit den Augen eines Taoisten oder Zen-Buddhisten betrachtet, ein mehr oder weniger «kindisches» Vorgehen. Statt die Vergänglichkeit des natürlichen Hanfmaterials anzuerkennen, ergäbe man sich aus rein praktischen und materiellen Erwägungen den billigen Vorteilen des Künstlichen und erläge einer Illusion, denn das Reißen gehört nun einmal zum Wesen der Sehne.

Ich habe Bogenschützen erlebt, die prüften, ob ihre Bogensehne denn überhaupt noch in Ordnung sei, da sie sie schon ungebührlich lange in Gebrauch hatten. Viele Schützen sehen im plötzlichen Reißen ihrer Bogensehne bei gespanntem Bogen, das einen eigenartig harten, schneidenden Ton hervorruft, die Mahnung, niemals in ihren Bemühungen nachzulassen und auf gar keinen Fall der Illusion aufzusitzen, mit einer Serie guter Schüsse sei das Ziel bereits erreicht. Selbstgefälliges Sich-Ausruhen auf einer erklommenen Stufe soll im Bewußtsein des Schützen durch das Reißen der Sehne und ihren schneidenden Ton ebenso zerschmettert werden wie falsches, unserem egoistischen Ich entspringendes Treffen-Wollen. Der scharfe, unangenehme Ton soll den Schützen vom Abgrund jeder geistigen Fehlhaltung, insbesondere dem der Illusion, des Selbstbetruges und der falschen Romantisierung, in die harte Wirklichkeit praktischen Übens zurückreißen, wie ein Blitz die Nacht schlagartig in grelles Licht taucht.

Von einer Stelle etwa ein bis zwei Zentimeter über dem Nockpunkt (Naka-shikake) des Pfeils bis etwa sieben oder acht Zentimeter unterhalb dieses Punktes wird die Sehne zur Verstärkung mit speziell für diesen Zweck angefertigten Hanffäden oder aufbereite-

ten Fasern alter, bereits gerissener Sehen umwickelt, damit der Pfeil
fest angesetzt werden kann, die harte Pfeilkerbe die Sehne nicht
übermäßig strapaziert oder beschädigt und der Handschuh (Yugake) mit seiner Sehnengrube fest in die Sehne eingreifen kann, ohne
sie zu beschädigen. Bevor man die Hanffäden um die Sehne wickelt,
bestreicht man die Sehne an dieser Stelle mit speziellem Leim. Nach
dem Umwickeln, während die Fäden noch naß sind, reibt man die
so verstärkte Stelle mit zwei flachen Hölzern (Doho) glatt und rund.

Kyūdō-Schützen bevorzugen relativ dünne Sehnen, weil gerade
eine solche Sehne beim Lösen des Schusses einen überaus angeneh-
men Ton hervorbringt – vorausgesetzt, der Pfeil wurde mit der
richtigen Technik und in der richtigen geistigen Haltung gelöst.
Geübte Meister können allein an diesem Ton erkennen, ob der
Schuß allseitig gelungen oder mißraten ist, ohne den Schützen oder
die Zielscheibe gesehen zu haben.

Die Pfeile

Vergleicht man die Vielzahl der früheren Pfeile mit den heute gebräuchlichen Pfeilen (Ya), wird man über die Jahrhunderte hinweg kaum Veränderungen feststellen.

Als man in Japan den zusammengesetzten Bogen (Kompositbogen) und seine Herstellungsweise aus China einzuführen begann, übernahm man auch die chinesische Art der Pfeilherstellung. Anfangs scheint man überwiegend dem leichten und geschmeidigen Holz der Weide den Vorzug gegeben zu haben, obwohl auch schon Bambuspfeile in Gebrauch waren. Heute findet nahezu ausschließlich das Holz einer speziellen Bambusart, und zwar nur deren zweijährige Sprossen, für Pfeile guter Qualität Verwendung, da diese aufgrund ihrer Biegsamkeit und Geschmeidigkeit am besten zu bearbeiten und außerdem am haltbarsten sind.

Nachdem dieser Bambus geschlagen ist, wird er etwa sechs bis acht Monate getrocknet und schrumpft dabei in Länge und Durchmesser etwas ein. Nach Ablauf dieser Zeit beginnt man mit dem ersten Arbeitsgang, dem sogenannten Neru (Kneten). Der noch nicht ganz gerade Pfeil wird über einem Holzkohlenfeuer grob gerichtet. Bambus läßt sich über Feuer leicht formen und härten, eine Tatsache, die gemeinsam mit dem Symbolwert, dessen er sich im japanischen Denken erfreut, seine Allgegenwärtigkeit im japanischen Alltag, nicht nur als Material für Pfeil und Bogen, erklärt.

Dem Neru folgt als nächster Arbeitsgang das Ara-dame (grobes Verbessern), bei dem nun die Oberfläche des bereits in etwa geraden Pfeils mit einer Ziehklinge vorsichtig bearbeitet wird.

Diesem Schritt folgt das Naka-dame (mittleres oder erneutes Verbessern), wobei man den Pfeil wieder über einem Holzkohlenfeuer richtet, bis er absolut gerade ist. Gleichzeitig wird seine

Oberfläche so lange bearbeitet, bis keinerlei grobe Unebenheiten mehr sichtbar sind. Nach dem Erkalten hat der Schaft seinen höchsten Härtegrad erreicht.

Sein letztes Glätten erfährt er beim abschließenden Ishi-arai (*ishi*, Stein; *arai*, Waschen). Der Pfeilschaft wird durch die Rillen eines ovalen Steins gezogen, wobei feinster Sand als Schleifmittel dient, der die Oberfläche völlig gleichmäßig glättet. Zuletzt ölt man den Schaft oder lackiert ihn, um seine Widerstandskraft gegenüber Witterungseinflüssen zu verbessern.

Der so hergestellte Pfeil wird Ya-no Chiku genannt. Die Schäfte variieren in ihrem Durchmesser: Schäfte mit gleichem Durchmesser über die gesamte Länge nennt man Ichi-monji, eine Bezeichnung, die sich vom japanischen Schriftzeichen für die Zahl Eins, Ichi, ableitet, die als einfacher waagerechter Strich dargestellt wird. Dieser Ichi-monji ist der heutige Standardpfeil. Außerdem gibt es Pfeile, deren Durchmesser in der Mitte am größten ist und sich zur Spitze und zum hinteren Ende hin verjüngt: Mugi-tsubo (Weizenkorn). Diese Art eignet sich besonders für das Enteki-Schießen, das Weitschießen über eine Distanz von sechzig Metern, da der Schwerpunkt beim Flug in der Mitte liegt. Als dritte Form findet man heute Pfeile mit dem stärksten Durchmesser an der Spitze und dem kleinsten am hinteren Schaftende: Sugi-nari, eine Bezeichnung, die auf die konische Zedernform dieses Pfeils hinweist. Er eignet sich gut für direktes Zielschießen, also für geringere Entfernungen.

Die etwa zwei bis fünf Millimeter tiefen Nocken (Hazu) bestanden früher meist aus einem aufgesetzten, mit einer Kerbe versehenen Bambusring. Neben anderen Arten gab es Nocken, die einfach direkt in das Ende des Pfeilschafts eingeschnitten waren. Heute verwendet man fast ausschließlich gekerbte Hornstücke, die in den Schaft eingesetzt werden.

Zur Befestigung der Federn, früher auch der Pfeilspitzen, und zur Verstärkung des hinteren Pfeilschafts gab es Wicklungen mit zahlreichen Bezeichnungen je nach Art des Materials (z. B. Seidenfaden, Papier, Rinde, gelackte Umwicklungen) und dem jeweiligen Zweck. Heute dienen zwei Wicklungen der Befestigung der Federn und eine der Verstärkung der Schaftstelle, an der die Pfeilnocke eingesetzt ist: Die Ura-hagi hält die Federkiele über den Federn, die Moto-hagi die Kiele unterhalb der Federn. Mit Hazu-maki bezeichnet man die Umwicklung zur Verstärkung des Schaftendes mit der Nocke.

Zur Flugstabilisierung des Pfeils verwendet man seit alters her Federn (Hane) zahlreicher Vogelarten, vorzugsweise aber solche der Greifvögel, von denen besonders die äußeren Schwanzfedern des Adlers wegen ihrer Härte und Strapazierfähigkeit geschätzt werden. Bezeichnenderweise nennt man sie Ishi-uchi, Steinschlag. Aber auch Federn von Habichten, Weihen, Kranichen, Wildgänsen, Raben und sogar von Hühnern erfüllen ihren Zweck. Nur die Federn des Uhus, der mit allerlei bösen Omen behaftet ist, können als Pfeilfedern nicht benutzt werden. Die besten Federn sind die äußeren Schwanzfedern und schließlich die mittleren und inneren Flügelfedern. Die anderen sind zu weich. Vom ästhetischen Gesichtspunkt her werden Federn nach Farbe und Zeichnung unterschieden, die bei einem Satz Pfeile, das sind vier Stück, möglichst aufeinander abgestimmt sein sollen.

Ein solcher Satz Bambuspfeile durchschnittlich guter Qualität kostet heute in Japan mindestens hundert bis hundertfünfzig Mark. Vier Bambuspfeile hoher Qualität mit Adlerfedern gleicher Farbe und Zeichnung können jedoch leicht mehrere tausend Mark kosten. Diese Tatsache macht verständlich, daß heute zum Übungsschießen immer häufiger billigere Aluminium-Pfeile, ein Satz ab etwa achtzig Mark, mit bescheideneren Federn benutzt werden. Erfahrene Kyū-dōka besitzen daneben jedoch mindestens einen Satz guter Bambus-pfeile, mit denen sie bei Wettkämpfen oder besonderen Gelegenhei-ten schießen.

Zwei Pfeile eines Satzes nennt man Haya und die anderen beiden Otoya. Bei den Haya weist die Wölbung der Federn immer auf den Schützen, wenn der Pfeil eingenockt ist, bei den Otoya dagegen zeigt die leichte Schweifung nach außen. Beim Schießen nimmt der Schütze grundsätzlich zuerst einen Haya und dann einen Otoya. Der Grund für dieses unterschiedliche Anbringen der Federschwei-fung oder Wölbung liegt darin, daß zwei vom Schützen auf genau die gleiche Weise gelöste Pfeile niemals auf den gleichen Punkt treffen sollen: Durch die unterschiedliche Anbringung der Feder-krümmungen hat jeder Pfeil einen wenn auch nur minimal anders gelegenen Auftreffpunkt. Der zweite Pfeil trifft also nicht auf den ersten und kann dessen kostbare Federn nicht beschädigen.

Die Pfeilspitzen nennt man heute Ne (Wurzel) oder auch Itatsu-ki. Früher hießen sie Yajiri und wiesen vielfältige Formen auf, von gegabelten oder spitzen, mit Widerhaken versehenen «Darmzerrei-ßern» (Watakuri) bis zu massiv vollrunden. Heute werden allge-mein einfache Eisenspitzen benutzt, wobei die Wurzel der Spitze den gleichen Durchmesser hat wie die Spitze des Pfeilschaftes und der folgende Teil, die eigentliche Spitze, stark zugespitzt ist. Die

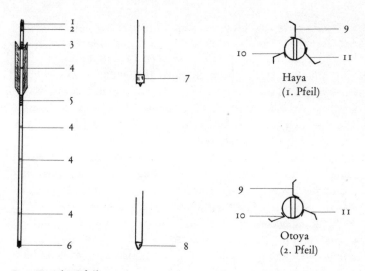

Haya
(1. Pfeil)

Otoya
(2. Pfeil)

Der Kyūdō-Pfeil

1 Hazu (Nocke)
2 Hazumaki (Wicklung für die Nocke)
3 Urahagi (obere Federwicklung)
4 die vier Gelenke (Knoten) des Bambuspfeils
  von oben: Hanaka-bushi, Sodezuri-bushi, Nonaka-bushi, Itsuke-bushi
5 Moto-hagi (untere Federwicklung)
6 Itatsuki (Pfeilspitze)
7 Spitze des heute für das Zielschießen gebräuchlichen Pfeils
8 Spitze des Pfeils, mit dem man am Makiwara übt. Die Spitze
  ist abgerundet, um das Makiwara zu schonen.
9 Hashiri-ba (Hauptfeder)
10 Yuzuri-ba (Innenfeder)
11 Togake-ba (Außenfeder)

Spitzen von Pfeilen, mit denen man am Makiwara, dem Strohbündel, übt, sind glatt abgerundet. Außerdem hat dieser Pfeil keine
Federn.

Da die Bogensehne beim Spannen bis hinter das rechte Ohr
zurückgezogen wird, ist der Kyūdō-Pfeil beträchtlich länger als der
westliche Archery-Pfeil. Die Länge bestimmt sich von der Körper-
größe des Schützen her, indem man die halbe Körperlänge rechnet
und etwa acht bis zehn Zentimeter hinzufügt.

Heute bewahrt man die Pfeile im sogenannten Yatsuzu (Pfeilzy-
linder) auf. Das ist ein schlankes Rohr aus harter Pappe, das sich
nach oben hin erweitert, da die Federn mehr Raum beanspruchen
als die Pfeilspitzen. Das Papprohr ist einfach lackiert, meist aber zur
Verstärkung und Verzierung noch mit Tō (*Calamus rotang*, Fieder-
palme), dünnen Bambusstreifen, Kirschholzrinde oder ähnlichem
umwickelt. Die Samurai benutzten früher meist den offenen Ebira,
einen kleinen, mit Wildschwein- oder Bärenfell (diese Tiere galten
als tapfer, da sie nie zurückweichen) bezogenen, etwa fünfzehn
Zentimeter hohen Holzkasten, in den ein Gitter eingesetzt war,
welches bis zu vierzig Pfeile aufnehmen konnte. Ein an der Rückseite angebrachter Bügel und Schnurwicklungen stützten und hielten
die Pfeile. Diesen offenen Köcher befestigte der Samurai an der
rechten Hüfte.

Daneben gab es noch den Shiko, einen offenen Pfeilhalter aus
einem einfachen Bambusgehäuse, also kein Köcher im eigentlichen
Sinne. Dieser Shiko wurde mit einem Haken in den Gürtel an der
linken Hüfte eingehängt.

Der Schießhandschuh

Der Handschuh (Yugake) bedeckt Daumen, Zeige- und Mittelfinger der rechten Hand. Es gibt Ausführungen in Ziegen- und Schweinsleder und solche aus dem wesentlich haltbareren Leder des Rehs oder der Antilope. Unter das Daumenleder ist ein Stück Holz oder Horn eingelegt, welches den Daumen vor Verletzungen durch die Bogensehne schützt, ihn aber auch starr hält.

Bei den früheren Kriegshandschuhen war auch das Daumenteil weich, da der Schütze mit der Rechten ja auch noch sein Schwert führen mußte. Die Handschuhe für das Bogenschießen zu Pferde haben noch heute ein weiches Daumenteil, damit der Reiter sein Pferd mit der Hand lenken kann, wenn er nicht gerade schießt – dann natürlich lenkt er sein Pferd nur mit den Schenkeln.

Der wichtigste Teil des Handschuhs ist die Sehnengrube zum Einhängen der Bogensehne beim Spannen des Bogens. Diese Grube liegt für das normale Zielschießen der Heki-Lehrrichtung im rechten Winkel zur Daumenachse. Andere Schulen bevorzugen zum Teil andere Gruben. Für das Weitschießen (Enteki, 60 m) eignen sich Sehnengruben, die in Winkeln von etwa 110 Grad oder auch 135 Grad zur Daumenlängsachse angebracht sind.

Um das kostbare Handschuhleder vor Schweiß und Schmutz zu schützen, trägt man unter dem Lederhandschuh noch einen einfachen dünnen Handschuh aus Baumwolle, der gewaschen werden kann.

Beim Anlegen des Handschuhs kniet der Schütze grundsätzlich in Richtung Ziel nieder. Niemals darf er dabei stehen.

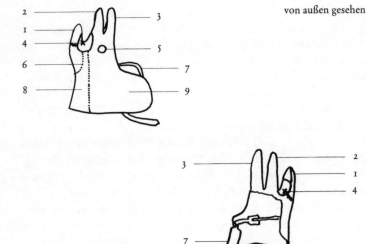

von außen gesehen

von innen gesehen

Der Handschuh

1 Daumen; unter das harte Deckleder ist außerdem noch ein Stück
  Horn oder Holz eingelegt
2 Zeigefinger
3 Mittelfinger
4 Tsuru-makura (Kerbe zum Einhängen der Bogensehne)
5 Mon (Familienwappen)
6 Nähte
7 Himo (Schnur zum Festbinden des Handschuhs)
8 hartes, nicht biegsames Leder
9 weiches, biegsames Leder

Kleidung

Kyūdō kann zwar in jeder Sportkleidung ausgeübt werden, aber bei regulären Trainingsstunden und natürlich bei Wettkämpfen oder Zeremonien ist die traditionelle Kleidung in Japan obligatorisch. Sie besteht aus einem weißen Hemd (Gi; bei Männern sind unter den Achseln dieses Hemdes Öffnungen zur besseren Durchlüftung gelassen, bei Frauen nicht), aus einer Art Hosenrock (Hakama), einem breiten Gürtel (Obi) und einzehigen (für den großen Zeh) weißen Socken (Tabi). Frauen benutzen außerdem einen ledernen Brustschutz (Mune-ate). Die Hakama der Frauen haben kein Hakama-no Shita, ein trapezförmiges Rückenstück; statt dessen ist ihr Rückenbund breiter. Der Damen-Obi ist kürzer als der der Männer.

Beim zeremoniellen Schießen (Sharei) wird statt des Gi ein Kimono mit leichtem Unterkimono (Monpuku) getragen. Die weiten Ärmel des Kimono hindern natürlich beim Schießen, weshalb die Männer dabei den linken Arm aus dem Kimono herausnehmen und die Frauen dieses Problem lösen, indem sie die weiten Ärmel mit einer dafür vorgesehenen, meist weißen Kordel zurückbinden.

Diese traditionelle Kleidung wird gleichermaßen im Winter und Sommer getragen. Das weiße, dünne Gi scheint im Winter zu kalt, aber der geübte Schütze verschafft sich die nötige Wärme durch konzentrierte Bauchatmung. Für den Anfänger ist diese Jahreszeit die beste Gelegenheit zu lernen und zu üben, durch diese Atmungsart die nötige Wärmeenergie selbst zu produzieren. Man mag sich über die Vorliebe der Kyūdōka für ihre traditionelle Kleidung, die zum Teil der der alten Samurai ähnelt, wundern, besonders, wenn man weiß, daß man im täglichen Leben Japans heute kaum noch traditionelle Kleidung zu Gesicht bekommt. Man trägt diese nur noch bei festlichen Gelegenheiten, und auch dann bevorzugen japanische Männer immer häufiger den westlichen Anzug.

Daß man beim Kyūdō, wie bei den anderen traditionellen Weg-Kampfsportarten auch, den traditionellen Habitus beibehält, hat wenig mit Traditionsbewußtsein zu tun, sondern beruht auf wohlbegründeten praktischen Erwägungen. Unsere europäische Kleidung liegt relativ eng am Körper an und behindert dadurch bis zu einem gewissen Grad freie Körperbewegungen, insbesondere der Extremitäten. Außerdem, und das ist wesentlich gravierender, beeinträchtigt sie den freien Fluß der körperlich-geistigen Energie durch den Körper. Die Feinenergie, die der Schütze durch sein Üben entwickelt, wird durch zu enge Hosen, Hemden und Gürtel gebremst und gestaut und kann nur mit Mühe in die entsprechenden Körperteile weitergeleitet werden. Die traditionelle japanische Kleidung ist in allen Teilen, ohne Ausnahme, weit geschnitten und daher für Meditation und die Budō-Kampfsportarten bestens geeignet.

Die Übungshalle

Kyūdō wird in einer Halle (Dōjō, Kyūdōjō) ausgeübt, die früher grundsätzlich aus Holz bestand. Obwohl es heute auch Beton- und Steinkonstruktionen gibt, besteht die Innenausstattung, insbesondere der Boden, nach wie vor aus Holz. Dieser blanke Holzfußboden erhebt sich etwa zehn bis fünfzehn Zentimeter über die Basis der Erde. Eine der Längswände besteht aus hölzernen Schiebetüren, die vor dem Schießen geöffnet werden und so das Schußfeld freigeben. Man schießt also von innen nach außen, und zwar auf eine Scheibe mit sechsunddreißig Zentimeter Durchmesser, die genau 28,44 Meter vom Schützen entfernt unter einer Überdachung aufgestellt ist. Das Schußfeld zwischen Schießhalle und dem Ziel ist nicht überdacht und meist mit kurzgeschnittenem Rasen bestanden. Am linken Rand, dort, wo das Schußfeld beginnt, wächst meist ein einzelner, niedriger immergrüner Busch, der die Symmetrie des Schußfeldes in Asymmetrie umwandelt. Kyūdō kann also zu jeder Jahreszeit und bei jedem Wetter ausgeübt werden.

Ganz im Freien wird nur auf längere Distanzen (meist sechzig Meter, beim sogenannten Enteki-Schießen) geschossen, in diesem Fall auf eine Scheibe mit 1,58 Meter Durchmesser.

Wenn die Schützen ihr Dōjō betreten, verbeugen sie sich erst einmal in Richtung der Kamiza, das ist ein an der rechten Querwand etwa dreißig Zentimeter erhöht errichtetes Podest, auf dem der Meister und die Ehrengäste, bei Wettkämpfen die Kampfrichter auf Strohmatten auf dem Boden hocken. Außerdem hängt an dieser Querwand meist eine Kalligraphie aus der Philosophie des Kyūdō, in der Halle des Verfassers zum Beispiel die Sentenz «Bewegung in der Ruhe», das Foto eines alten Meisters, der hier gewirkt hat, und oft auch noch ein kleiner Hausschrein. Weiterhin ist dort oft auch ein

symbolischer Prachtbogen aufgestellt, dem manchmal ein Ikebana-
Blumengesteck noch einen reizvollen Aspekt hinzufügt. An der
anderen Querwand sind die Makiwara in Augenhöhe aufgestellt,
auf die der Schütze aus etwa zwei Metern Entfernung einige
Übungsschüsse abgibt. Diese Übung ist sehr wichtig, denn sie dient
der Einstimmung und Harmonisierung von Geist, Körper und
Bogen. Bei diesem Warmschießen überprüft der Meister zudem die
Technik und geistige Haltung des Schützen. Nach dem eigentlichen
Zielschießen wird die Übungsstunde grundsätzlich durch einige
Schüsse am Makiwara beendet.

Struktur, Anlage und Raumaufteilung der Halle sind asymmetrisch und verleihen ihr eine eigenartige, lebendige Spannung, die in
positivem Sinne stimulierend auf den Schützen wirkt.

Da die Halle beim Schießen natürlich immer geöffnet ist, sind auf
diese Weise der Schütze und sie in die Natur integriert. Die Halle
erscheint nur als Notbehelf; man braucht sie eben zum Schießen, ihr
kommt aber kein dominierender Einzelwert zu. Dieses Integriert-
sein in die Natur wird durch die Holzausstattung der Halle und das
aus natürlichem Material gefertigte Gerät, vom Bogen über den
Bogenständer bis hin zum Makiwara, noch zusätzlich unterstrichen.

Mein Dank für das Zustandekommen dieses Buches gilt neben vielen anderen in ganz besonderem Maße meinen beiden Meistern, den Herren Isamu Masuda und Masato Muramoto, die mich seit Jahren auf dem Weg des Bogens führen und mich hoffentlich noch lange führen werden. Sie halfen mir, den Wert dieses Weges mit dem inneren Auge zu erkennen.

Prof. Yoshio Takahashi half mir, die verborgenen Schätze der wohl in ganz Japan einmaligen Tenri-Bibliothek zu erschließen, deren zum Teil uralte Werke Wesentliches zu diesem Buch beisteuerten. Er überließ mir überdies sein Arbeitszimmer in der Bibliothek, als das meine längere Zeit nicht benutzbar war.

Prof. Shigeo Yamaguchi sei gedankt für seine nie ermüdende Bereitschaft, in gegenseitigem Gedankenaustausch Einzelfragen des Zen-Buddhismus zu klären.

Vieles im Kapitel zur Geschichte des Bogens in Japan, speziell zu Fragen der Jōmon- und Yayoi-Zeit, verdanke ich der freundlichen Unterstützung des nicht nur in Japan bekannten Archäologen Prof. Hiroshi Kanazeki.

Gerd Lorenz, meinem Freund und Gefährten auf den Wegen des Tao, Zen und Tantra, die für uns im wesentlichen ein Ganzes bilden, danke ich für manchen fruchtbaren Hinweis zu Fragen des Zusammenhangs zwischen Atem, Energie und Meditation.

Damit ich dieses Buch vom zeitlichen Aspekt her überhaupt schreiben konnte, gab mir mein Kollege Prof. Hirotake Takita den nötigen Spielraum, so daß ich mich ohne wesentlichen Zeitdruck neben meinen Lehraufgaben ganz dem Thema widmen konnte.

Herrn Prof. Dr. Robert Schinzinger danke ich für das diesem Buch vorange-stellte Vorwort.

Danken möchte ich auch Masuko, die mir bei schwierigen Übersetzungsfra-gen besonders älterer japanischer Texte geduldig zur Seite stand. Bei Yukiko Nina und Andreas Masayumi entschuldige ich mich, daß ihre Interessen während meiner Arbeit an diesem Buch oft zu kurz kamen.

Die Abbildungen Nr. 2, 4, 10, 11, 12, 13, 16 und 18 folgen mit freundlicher Genehmigung des All-Japanischen-Kyūdō-Verbandes in etwa einem quasi-offiziellen Schema dieses Verbandes; veröffentlicht in: *Kyūdō-Hassetsu*, Zen Nippon Kyūdō Remmei, Tōkyō, 1981.

Erster Teil:

Die historische Bedeutung des Bogens

1 Vgl. Heinz Meyer, *Geschichte der Reiterkrieger*, Stuttgart/Berlin/Köln/
Mainz 1982. Eine sehr fundierte kultur-soziologische Untersuchung, die auch
die Rolle des Bogens bei den frühen Reiterheeren hervorhebt.

Zur Geschichte des Bogens in Japan

1 Vgl. Roger Bersihand, *Geschichte Japans*, Stuttgart 1963, S. 11 ff.
2 Noch John Whitney Hall schreibt in seinem 1968 (Frankfurt/Main) in
deutscher Sprache erschienenen Werk:
... «sie [die Jōmon-Menschen] hatten einen zusammengesetzten Bogen,
ähnlich dem typisch japanischen Bogen in geschichtlicher Zeit, entwik-
kelt...» Erstens ist der zusammengesetzte Bogen in keiner Weise typisch
japanisch; den gab es bereits in weitaus älteren Kulturen. Zweitens muß diese
Feststellung, die Hall auch nicht mit konkreten Funden belegt, nach
heutigem Forschungsstand der Archäologie als Irrtum gelten. Auch Hoff
beschreibt den ersten abgebildeten Bogen der Yayoi-Zeit (auf einer Bronze-
glocke) noch als Kompositbogen (vgl. F. F. Hoff, *Kyūdō*, Berlin 1980). Dies
ist im übrigen ein Buch, das für das ausschließlich praktische Training sehr
brauchbar ist.
3 Zum Iemoto-System mit seinen sozialen Implikationen vgl. den äußerst
informativen Beitrag von Karl-Heinz Ludwig, «Japan: Satori und Business»,
in: *Merkur*, Nr. 392, Jan. 1981. Einzelne Formulierungen habe ich wörtlich
übernommen.

Zweiter Teil:

Der Atem und das Atmen

1 Heute räumen nahezu alle Veröffentlichungen über Yoga, Taoismus und Zen
dem Atem und Atmen eine Hauptrolle ein. Hier einige der neueren
Veröffentlichungen, die diese Seite der Meditation auch vom praktischen
Aspekt her in ausgezeichneter Weise untersuchen:

Sekida Katsuki, *Zen-Training – Methods and Philosophy*, New York/Tokyo 1975.

André van Lysebeth, *Die große Kraft des Atems – die Atemschule des Pranayama*, 3. Auflage, Bern 1977.

Chang Chung-Yuan, *Tao, Zen und schöpferische Kraft*, Düsseldorf/Köln 1975.

Taisen Deshimaru-Rōshi, *Zen in den Kampfkünsten Japans*, Berlin 1978.

Yogi Ramachakra, *Die Yogi Philosophie des körperlichen Wohlbefindens*, München 1981.

Yogacharya Ramesh Chander, *Tantric Yoga – Techniques and Rituals for Health, Wealth, Success*, New Dehli, o. J.

2 Alan Watts/Lama Anagarika Govinda, *Die Kunst der Kontemplation*, Freiburg/Br., 2. Aufl. 1979, S. 7.

3 John Blofeld, *Das Geheime und Erhabene – Mystizismus und Magie des Taoismus*, Bern 1974, S. 144 ff. Daß schon die frühen Taoisten das Bogenschießen als Methode der Meditation verwandten, zeigt das Beispiel des taoistischen Philosophen Lieh-tzu (Lieh-tse, Liä Dsi), der selbst begeisterter Bogenschütze war und in mehreren Kapiteln seines Werkes auf das Bogenschießen eingeht. Vgl.: Liä Dsi, *Das wahre Buch vom quellenden Urgrund*, Düsseldorf/Köln, 2. Aufl. 1981.

4 Johann Wolfgang von Goethe, *West-östlicher Divan*, Buch des Sängers, «Selige Sehnsucht».

5 Vgl. Lao-Tse, *Tao te king*, übers. v. Victor von Strauss, Zürich 1959, S. 31 ff.

6 Vgl. J. J. M. de Groot, *Universismus*, Berlin 1918. Zum Tao des Menschen, Tao des Alls und der Beziehung zwischen beiden ist de Groots Arbeit m. E. immer noch eine der gründlichsten, die außerdem sämtlichen, nicht nur den philosophischen, Aspekten des Taoismus und Konfuzianismus nachgeht und sie zueinander in Beziehung setzt.

7 *Tao te king*, Kap. 63.

8 Hierzu und zum Folgenden siehe das hervorragende: Chang Chung-Yuan, *Tao, Zen und schöpferische Kraft*, Düsseldorf/Köln 1975, S. 117 ff.

9 *Tao te king*, a.a.O., Kap. 16.

10 *Tao te king*, a.a.O., Kap. 10.

11 de Groot, *Universismus*, S. 10.

12 Blofeld, *Das Geheime und Erhabene*, S. 62. Blofeld übersetzt z. B.: «Der Geist des Tals stirbt nicht; er wird als das geheimnisvolle Weib bezeichnet, dessen Portal als das Fundament von Himmel und Erde gilt. Obwohl (seine

Essenz), wenn bewahrt, sehr zarter Natur ist, kann sie doch durch Gebrauch nicht erschöpft werden.» (S. 162) Vgl. auch von Strauss (Übers.),
Tao te king, S. 190.

13 Dschuang Dsi, *Das wahre Buch vom südlichen Blütenland*, übers. v.
Richard Wilhelm, Düsseldorf/Köln 1977, Kap. 6.

14 Ibid., Kap. 15.

15 Diese seelischen Zentren oder Zentren geistig-körperlich-kosmischer Feinenergie werden heute, dem Tantra folgend, meist Chakra genannt. Die
Bahnen und Kanäle, die die einzelnen Chakras verbinden, sind die Nadis.

16 Vgl. Sekida Katsuki, *Zen-Training – Methods and Philosophy*, New York/
Tokyo 1975, besonders die Kap. «Breathing in Zazen» und «The Tanden».

Der Weg und die Wege

1 *Tao te king*, a.a.O., Kap. 1.

2 de Groot, *Universismus*, S. 5.

3 Für die Darstellung der Entwicklung der Auffassung und Anwendung des
Begriffes «Weg» in der japanischen Kultur vgl. Horst Hammitzsch, «Zum
Begriff ‹Weg› im Rahmen der japanischen Künste», in: *Nachrichten der
OAG*, Nr. 82, 1957.

4 Vgl. hierzu und zum Folgenden auch die gründliche Arbeit von H. Mun-
sterberg, *Zen-Kunst*, Köln 1978.

5 Blofeld, *Das Geheime und Erhabene*, S. 144 ff.

Tao, Zen und das Bogenschießen

1 Zit. nach: Sukie Colegrave, *Yin und Yang – die Kräfte des Weiblichen und
des Männlichen*, 1982, S. 72.

2 *Tao te king*, a.a.O., Kap. 11.

3 Ibid., Kap. 12.

4 D. T. Suzuki, *Die große Befreiung*, Frankfurt/M. 1975, S. 45.

5 Ibid., S. 48 ff.

6 Vgl. Hans Paeschke, «Zen», in: *Merkur*, Juni 1959, S. 504.

7 Suzuki, *Die große Befreiung*, S. 49 ff.

8 D. T. Suzuki, *Zen und die Kultur Japans*, Reinbek b. Hamburg 1967,
S. 58.

9 Vgl. Horst Tiwald, *Psycho-Training im Kampf- und Budo-Sport*, Ahrensburg 1981.

10 Vgl. hierzu und zum Folgenden D. T. Suzuki, *Der westliche und der östliche Weg*, Berlin 1957, S. 121 ff.

11 Dschuang Dsi, *Das wahre Buch vom südlichen Blütenland*, Buch II, S. 47.

12 Lama Anagarika Govinda, Vorwort zu: *Meditations-Sutras des Mahayana-Buddhismus*, Bd. II, Zürich 1956, zit. nach: Kurt Brasch, *Zenga – Zen-Malerei*, Tokyo 1961, S. 2.

13 Blofeld, *Das Geheime und Erhabene*, S. 156.

14 Vgl. *Bi-yän-lu, Meister Yüan-Wu's Niederschrift von der smaragdenen Felswand*, Bd. I, übers. v. Wilhelm Gundert, München 1960, S. 41.

15 Vgl. Colegrave, *Yin und Yang*, S. 229.

16 Dschuang Dsi, *Südliches Blütenland*, Buch XVIII, S. 195.

Bushidō – Der Weg des Kriegers

1 Vgl. Tiwald, *Psycho-Training im Kampf- und Budō-Sport*, S. 70 ff. Tiwalds Untersuchungen zielen darauf ab, dem geistigen Aspekt im europäischen Sport wieder mehr Geltung gegenüber dem rein körperlich-technischen Gesichtspunkt zu verschaffen. Er stützt sich dabei auf Zen und Taoismus und versucht, deren geistige Inhalte für den westlichen Sport nutzbar zu machen, was ihm in überzeugender Weise gelingt – eine wegweisende Synthese für die Zukunft des westlichen Sports.

2 Hans Paeschke, «Zen», in: *Merkur*, Juni 1959, S. 516.

3 Vgl. Robert Schinzinger, «Das Bild des Menschen in der japanischen Tradition der Vorkriegsphilosophie», in: *Neue Anthropologie*, Band 6 – Philosophische Anthropologie, S. 195.

4 Suzuki, *Zen in der Kultur Japans*, S. 27.

5 *Tao te king*, a.a.O., Kap. 31.

6 Ibid., Kap. 61.

7 Suzuki, *Zen in der Kultur Japans*, S. 28 ff.

8 Ibid., S. 37.

9 Das *Hagakure* (wörtl. «Unterm Laub verborgen») ist eine Sammlung von Episoden, Anekdoten, Sinnsprüchen etc. aus dem Umkreis des Bushidō. An seiner Abfassung wirkten auch Zen-Mönche mit. Vollständiger Text auf japanisch: Tokyo 1937 (2 Bände); eine Auswahl in englischer Übersetzung findet sich in: *Hagakure, the Book of the Samurai*, Yamamoto Tsunetomo,

übers. v. William Scott Wilson, Tokyo/New York/San Francisco 1979/
  1983.
10 Liä Dsi, *Das wahre Buch vom quellenden Urgrund*, Düsseldorf/Köln 1967,
   Kap. V, 15.
11 *Tao te king*, a.a.O., Kap. 69.
12 Taisen Deshimaru-Rōshi, *Za-Zen – die Praxis des Zen*, Berlin 1979, S. 49 ff.

Kyūdō und Zeremonie

1 Vgl. Robert Schinzinger, *Japanisches Denken*, Berlin 1983, S. 30.
2 Kung-Futse, *Gespräche – Lun Yü*, übers. v. R. Wilhelm, Jena 1910, VI, 16.
3 Ibid., S. 179.
4 Ibid., S. 5.
5 Ibid., S. 25.
6 Ibid., S. 20.
7 Vgl. Werner Rilz, «Konfuzianismus und Japan», Manuskript, Kobe 1983.

Geist und Technik

1 Eugen Herrigel, *Zen in der Kunst des Bogenschießens*, 21. Aufl., Bern 1982.
2 Ibid., vgl. S. 22–26.
3 Zu «handelnde Anschauung» vgl. besonders Robert Schinzinger, *Japanisches
   Denken*, Berlin 1983, S. 57–75. Schinzinger gibt hier in geraffter Form einen
   Überblick über die Philosphie Nishidas.
4 Herrigel, *Zen in der Kunst des Bogenschießens*, S. 16.
5 Vgl. Taisen Deshimaru-Rōshi, *Zen in den Kampfkünsten Japans*, Berlin
   1978, S. 64 ff.
6 Wie besonders Karl Gauhofer u. Margarete Streicher hervorheben; vgl.:
   Natürliches Turnen, 5 Bände, 1949.
7 Auf diesen Punkt weist sehr deutlich und richtig hin: Tiwald, *Psycho-
   Training im Kampf- und Budō-Sport*.
8 Liä Dsi, *Das wahre Buch vom quellenden Urgrund*, Buch IV, 2, S. 87 ff.
9 Ibid., Buch II, 5.
10 Zu derartigen Kunststücken beim Kyūdō, wie Lieh-tzu (Liä Dsi) hier eins
   demonstriert, sei angemerkt, daß sie sicherlich nicht rundweg zu bezweifeln
   sind. Aber keineswegs sind derartige Wunderdinge Ziel der Übung, sondern

nur Äußerlichkeiten, und sie bleiben es auch, wie Lieh-tzu uns mit seiner Wassertasse verdeutlicht. Wir sollten in Berichten über das Kyūdō solche und ähnliche Erstaunlichkeiten, über die leider sogar Herrigel an zentraler Stelle spricht, immer als das nehmen, was sie sein wollen: als Spiel und Nebenprodukt des Weges. Ich selbst habe ähnliche Perfektionsstücke gesehen, habe aber auch denselben Meister Fehlschüsse tun sehen. Über beides lächelte er, denn beides ist kein Gradmesser für das Niveau, das der Schütze auf seinem Weg erlangt hat.

Dritter Teil:

Vorbereitungen

1 Tiwald, *Psycho-Training im Kampf- und Bodō-Sport*, S. 54 ff.
 Zur Situation im deutschen Judo siehe auch «Deutsches Judo-Magazin», Ausgabe April 1983, S. 32 ff., wo gerade diese Trainingsart des «Einschleifens» isolierter Einzelbewegungen und -techniken als Grund für wachsendes Desinteresse an diesem Sport genannt wird; der Mitgliederschwund im Deutschen Judoverband gehe «in die Tausende», und zwar gerade in einer Zeit «stark zunehmender Aktivitäten in anderen Budō-Sportarten».

Hassetsu – die acht Stufen bis zum Lösen des Pfeils und Zurücktreten von der Schußposition

1 Dschuang Dsi, *Das wahre Buch vom südlichen Blütenland*, Buch XXII, 2, S. 228

Östliche Praktiken für westliche Menschen?

1 Dieses Vorurteil kritisiert besonders überzeugend:
 Robert Schinzinger, *Nachahmung und Eigenständigkeit in der japanischen Kultur*, Druck Lesestube, Kobe/Japan 1979.
2 Karl Löwith, *Unterschied von Ost und West*, Sanshusha-Verlag, Tokyo 1972, S. 8.
3 Ibid., S. 9.

4 Ibid., S. 11.

5 D. T. Suzuki hat seine ansonsten hervorragenden Werke als Gelehrter und Philosoph verfaßt; zur technisch-praktischen Seite des Weges können sie daher leider nur in sehr begrenztem Umfang beitragen.

6 Sen Soshitsu, «Chadō – The Way of Tea and its Relevance to Modern Life», in: *Mainichi Daily News*, 10. 1. 1982. Siehe außerdem:

ders., «Chanoyu – a Quest for Peacefulness», in: *Mainichi Daily News*, 20-teilige Artikelserie von März 1983 bis Juli 1983.

7 Ausführlich bei:

Alan Watts, *Im Einklang mit der Natur*, München 1981.

ders., *Die Illusion des Ich*, München 1980.

ders., *Der Lauf des Wassers*, München 1976.

ders., *OM*, Basel 1982.

ders., *Zen – Tradition und lebendiger Weg*, Reinbek b. Hamburg 1981.

ders., *Weisheit des ungesicherten Lebens*, Bern 1978.

Watts (1915–1974) ist Kenner sowohl des östlichen als auch des westlichen Denkens; ihm ist in seinen Werken eine der bisher wohl überzeugendsten Synthesen zwischen «Ost» und «West» gelungen.

Vierter Teil:

Der heutige Kyūdō-Bogen

1 Die beste mir bekannte Untersuchung des Wesens von Symmetrie und Asymmetrie auf der Grundlage des Taoismus und Zen ist: Erwin Reisner, «Sukiya – die Symbolsprache des japanischen Teeraums», in: *Merkur*, Nr. 132, 1959, S. 111–124.

2 Ibid., S. 114

3 Hirose Yoichi, *Yo-sha-roku*, Japan (Tokyo?) 1675.